행복한 국가,
감시국가

일러두기

▫ 원서에서 인용 출처와 예시가 되는 외부 자료를 밝힌 본문 괄호주는 미주로 처리했다.

▫ 별도의 해설이 필요한 용어의 경우 작은 글씨로 옮긴이 주를 달았다.

▫ 책, 신문, 잡지는 《 》로, 방송 프로그램, 글, 기사명은 〈 〉로 표시했다.

▫ 인명, 지명, 기업명 등 외래어 고유명사는 국립국어원의 외래어 표기법에 따라 표기했다.

▫ 단, '인민일보(人民日報, 런민르바오)', '천안문(天安门, 톈안먼)'과 같이 한국 한자음 표기가

▫ 널리 쓰여온 일부 중국 고유명사는 한국 한자음으로 표기했다.

행복한 감시국가, 중국

가지타니 가이
다카구치 고타
박성민 옮김

디지털기술과
선택 설계로 만든
'멋진 신세계'

눌와

코로나와 감시사회 — 동아시아의 '경험'을 통해 생각한다

우리가 집필한《행복한 감시국가, 중국》이 한국에서도 출간되어 대단히 기쁘게 생각한다. 이 책은 직접적으로는 중국 사회에서 진행되는 감시사회화 현상에 대해 논한 것이지만, 우리는 일본과 한국을 포함한 동아시아 여러 국가의 시민사회가 사회의 디지털화와 그에 맞춰 진행되는 감시사회화 흐름 속에서 어떻게 변화하는지 등에 대한 문제의식을 항상 가지고 있었기 때문이다.

그러던 중 2020년에 발생한 코로나 대유행은 동아시아 여러 국가와 서구 간의 '시민사회' 또는 '국가와 시민과의 관계성'의 차이를 새삼 부각시켰다. 이를 상징하는 사례가, 코로나 근원지인 우한을 기점으로 도시를 봉쇄하고 사람들의 이동의 자유를 빼앗고 스마트폰 앱으로 개인정보를 기록하며 감염 대책을 실행한 중국과, 몇몇 도시는 봉쇄했지만 기본적으로 감염 대책을 개인 판단에 맡긴 결과 수십만 명에 이르는 사망자를 내고 세계 최악의 감염 확산을 초래한 미국, 이 양대 대국의 대비일 것이다.

이러한 전염병 대응 차이를 두고 '민주주의와 권위주의의 대결'이 표면화했다고 지적하는 논자도 있다. 하지만 그 말은 정확하지 않아 보인다. 격렬한 민주화운동을 경험하고 독재정권의 두려움을 체험으로 알고 있는 한국이나 타이완에서도 코로나 대책을 실행할 때 정부의 권위에 따르고 개인정보를 스스로 제공하는 일에 시민이 동의하고 있기 때문이다.

코로나 발생 전부터 차근차근 진행된 중국의 감시사회화는 자본주의의 세계화가 편리성이나 풍요로움을 중시하는 공리주의를 불러와 생긴 결과였다. 사회적인 '신용도'를 증명하기 어려운 중국 사회에서는 민간기업이 제공하는 신용점수를 상거래 면에서 적극적으로 이용해 왔다. 시민이 정부나 대기업에 개인정보를 제공하는 대신, 안심하고 쾌적한 생활을 향유할 수 있는 '행복한 감시국가'의 모습이었다. 현재의 코로나 대책도 기본적으로 그 연장선상에 있다. 구체적으로는 사람들의 대중교통 이용 정보를 바탕으로 개개인에게 적색·녹색·황색의 '건강 코드'를 발행하고, 곳곳에 검문소를 설치해 감염이 의심되는 적색과 황색 코드인 사람은 행동을 제한하며 격리를 의무화하는 식이다.

개인정보를 활용한 이러한 철저한 감염 대책은 외국인을 포함해 중국에서 일하는 많은 사람들에게 '안심감'을 주고 있다. 이는 현대 사회의 감시기술 도입이 공리주의, 즉 '결과로서의 행복'에 중점을 두는 사상과 강하게 연결되었음을 나타낸다.

중국에서 진행되는 감시사회화에 대해 지금까지 서양 각 나라들은 '인권'이나 '법의 지배'를 고려하라고 비판해 왔지만, 그 주장은 코로나를 경험한 세계에서 설득력을 잃어가고 있다. 갤럽 인터내셔널 어소시에이션이 2020년 3월에 세계 30개국의 사람들을 대상으로 실시한 국제여론조사에 따르면, "바이러스의 확산 방지에 도움이 된다면 자신의 인권을 어느 정도 희생해도 괜찮나"라는 생가에, 이탈리아에서는 93%, 프랑스에서는 84%, 전체로는 75%의 응답자가 찬성했다.

다시 말해 '생명을 지키려는' 인간에게 최선의 '결과'를 묻는다면, "인권과 민주주의를 지켜야 한다" 등의 주장은 아무래도 불리해진다. 중국을 비판하던 서양 여러 국가의 시민이 감시사회 강화를 '민주적으로' 원하게 되기까지는 앞으로 한 걸음밖에 안 남았다.

그렇다면 코로나를 계기로 박차를 가하는 감시사회화 움직임에 우리가 저항할 방법은 없는 걸까? 이미 말했듯이 감시사회가 '결과로서의 행복'을 중시하는 공리주의를 바탕으로 하는 이상, 코로나 이후의 미래 사회가 어떨지 상상하고 그 바람직한 모습을 향해 나아가자고만 말해서는 아마 감시사회화에 대항할 수 없을 것이다. 감시기술의 강화가 감염을 억제하고 경제 활동을 유지하는 데 가장 효과적이라는 사실은 자명하기 때문이다.

우리는 오히려 완전히 반대의 발상, 즉 과거를 철저히 되돌아봐서 어떻게 살아가야 할지에 대한 답을 찾아야 하지 않을까? 여기서 중요한 것은 감염 대책에서 큰 차이를 보이며 표면으로 드러난 동아시아 여러 국가의 '경험'을 다시 되돌아보는 일이다.

예를 들어 중국에서 퍼지는 감염증 전파에 역사적인 이유로 강한 경계심을 가졌던 타이완에서는 재빠른 검역 대책 실시와 철저한 감염자 추적을 통해 신종 코로나 바이러스를 봉쇄하는 데 성공했다. 또한 마스크를 배포할 때 개인의 소셜 네트워크 계정과 배포 상황을 연결해, 누가 아직 받지 못했는지 일목요연하게 보여주며 전 국민에게 신속하게 전달되도록 했다. 물론 마스크 생산 체제가 재빨리 갖춰진 점도 있지만, 정부가 개인정보를 직접 파악했던 점도 신속한 대응에 분명히 기여했다. 그에 비해 일본에서는 정부가 다양한 개인정보를 수집하고 서로 연결하는 일에 저항감이 매우 커서 감염 대책 같은 비일상적인 국면에서의 체계적인 대책이 마련되지 못했다.

일본은 원래 '국가'가 개인정보를 직접 관리하는 체제가 아니다. 일본 정부의 코로나 대책으로 평이 좋지 않았던 천 마스크(아베노마스크) 배포도, '1인당 10만 엔약 100만 원' 배포도, 전부 개인이 아니라 '세대' 또는 '세대주'를 대상으로 실시한 조치다. 예를 들어 3인 세대에는 30만 엔이 세대주 계좌로 입금되었다. 당시 자치단체마다 체계가 통합되어 있지 않았기 때문에 실시하는 속도도 지역에 따라 꽤 많은 차이가 발생했다. 일본의 행정체제는 주민표일본의 주민등록표로 대표되는 세대 단위 정보를 각 지방자치단체에 분산하는 형태로 관리해, 개인이 대상인 정책을 실행할 때도 '국가→지방자치단체→세대→개인'이라는 다양한 중간 단계를 거쳐야 하기 때문이다.

고쿠가쿠인대학의 나지현 교수는 저서 《번호를 창조하는 권력番号を創る権力》에서 '집'을 단위로 인원을 파악하는 호적 제도가 메이지 시대 일본이 근대화를 목표로 가부장(호주)에게 징병 면제나 참

성권 등의 권리를 부여하는 대신, 호적 편성이나 징세·징역의 운용을 말단에서 담당하게 하는 데 큰 역할을 한 셈을 짚고 있다. 제2차 세계대전 후, 호적 제도는 '집'보다 더 작은 '세대' 단위의 제도로 바뀌었지만, 국가가 '개인'을 직접 파악하는 데 계속 장애가 되었다. 마이넘버일본의 국민식별번호 제도의 도입에도 상황이 전혀 바뀌지 않았다는 점은 분명했다. 아이러니하게도, 이는 개인정보를 국가가 직접 관리해야 하는 감시사회화가 일본에서는 좀처럼 진행되지 않는 하나의 원인이기도 하다.

일본 이외의 동아시아 여러 국가는 식민지를 경험하고 뒤늦게 근대화를 이뤄냈기에, 정부가 개인정보를 직접 파악하는 제도를 만들기 수월했다. 내전이나 계엄령하의 긴장 상태가 오래 이어지는 과정에서 강압적인 정부가 주민을 직접 관리하는 제도를 만든 국가도 많다. 예를 들어 한국에서는 군사 쿠데타로 수립한 박정희 정권 당시인 1968년에 실행된 '주민등록법' 개정에 따라, 국민식별번호(주민등록번호)와 신분증명서(주민등록증)를 조합해 주민 관리를 제도화했다.

나지현 교수에 따르면 이러한 주민 관리 제도는 '국민'을 재정의하는 데 꼭 필요했다. 즉, 반공 이데올로기의 형성과 함께 국민을 '공비'와 '민간인'으로 분리해 재정의했다. 국민식별번호 제도의 인권 침해를 염려하는 비판 여론은 치안 유지의 중요성과 반공주의를 부정할 수 없었기 때문에 제도 도입을 막을 수 없었다.

또한 타이완에서도 장제스蔣介石 국민당 정권이 냉전을 배경으로 한 계엄령하에서 강압적인 지배 체제를 정비하면서 개인마다 평생 변하지 않는 통일번호타이완의 국민식별번호를 부여했다. 그리고 정부는 통일번호를 징병 및 징세 목적으로 이용했다. 이러한 과거 경험을 거쳐 국민식별번호 제도를 확립한 타이완은 정보기술 발전과 함께 행정과 기관의 정보 연계를 한꺼번에 진행했다. 일본에서도 단번에 유명해진 천재 프로그래머 탕펑唐鳳 디지털 담당 장관의 활약은, 국민식별번호 제도를 바탕으로 각 행정기관이 개인정보를 일괄적으로 파악할 수 있도록 정비했기 때문에 가능했던 것이다.

일본에서 감시사회화가 진행되지 않는 이유로는 사회 내부에 낡은 공동체적인 점이 남아 있거나, 개인정보 관리 체계 도입이 늦는 점도 있지만, 더 근본적으로는 국가에 정보를 건네주기 두렵다는 정서를 공유하고 있는 점이 크다. 그 원천은 20세기 전반에 아시아 및 태평양을 무대로 일본이 일으킨 전쟁, 그리고 패전 후의 경험에서 찾을 수 있을 것이다.

일본에서 '결과'를 최우선으로 하는 공리주의를 비판하고 '경험'이나 '과정'의 중요함을 추구한 사상가 중 한 사람으로, 대표적인 전후 지식인 후지타 쇼조藤田省三의 예로 들어보자. 만년의 후지타는 '안락'을 바라는 대신 '불쾌'의 원천을 없애고, 또 보지 않으려고 애쓰는 고도소비사회의 모습을 '안락을 향한 전체주의'라고 통렬히 비판했다. 후지타에 따르면, 현대의 전체주의는 다음 세 가지 형태로 나타난다. 첫 번째는 '전쟁으로서의 전체주의', 두 번째는 '정치 지배로서의 전체주의’, 그리고 현재는 ‘생활양식으로서의 전체주의’, 즉 ‘안락’을 향한 전체주의다. 안락을 향한 전체주의는 나치즘이나 스탈린주의 체제하에서 벌어진 불쾌한 존재에 대한 폭력적 추방·감금과 그 동기가 같을 뿐 아니라 점점 더 일상화하는 만큼, 더더욱 근본적인 저항이 어렵다는 게 그의 문제의식이었다.

후지타의 사상은 전쟁의 고난을 딛고 일어선 보통 사람들이 혼란 속에서 새로운 사회를 건설하려고 한 ‘경험’과 관계가 깊다. 후지타는 중일전쟁·태평양전쟁 및 전후 경험을 통해, 사회의 격동에 시달리는 중에도 희망을 잃지 않고 새로운 것을 만들어내는 사람들의 모습에 그 사상의 원점을 두었다. 즉, 전후 일본의 ‘경험’에서—현대의 ‘감시사회’와도 이어지는—‘안락’을 바라고 ‘불쾌’를 보지 않으려는 고도소비사회를 비판할 근거를 찾았던 것이다.

돌이켜 생각하면, 지금의 일본인은 전쟁 체험 외에는 특별히 의지할 만한 ‘경험’이 없었기 때문에 코로나 이후의 사회에서 나아가야 할 방향성을 찾지 못하고 헤매는 듯하다. 자유주의자 혹은 호헌파 지식인은 내내 과거의 전쟁 이야기를 꺼내 정부를 비판하고 있고, 거기에 질린 듯한 젊은이들도 늘고 있다. 우리가 이제 더 이상 전후 체험에 의지할 수 없다면 감시사회화에 대항하기 위해 지킬 가치관이나 ‘경험’에 대해 어떻게 생각하면 좋을까. 우리에게 주어진 과제는 무겁다.

실제로 코로나에 대한 대응에서 한국이나 타이완을 비롯한 인근 동아시아 여러 국가에서는 사람들이 겪은 과거의 ‘경험’이 큰 역할을 했다. 예를 들어 타이완은 2003년의 사스, 한국은 2015년 메르스의 쓰라린 경험이 이번 대책에 큰 역할을 했다고 한다. 또한 타이완과 한국은 군사독재 정권하에서 끈질기게 민주화운동을 벌인 결과 민주주의를 쟁취한 공통의 '경험'이 있고, 그 경험이 정부가 개인 정보와 감시기술을 이용한 감염 대책을 진행하는 과정에서 시민이 그 남용을 허용하지 않는 일종의 방파제 역할을 하고 있다.

일본인은 코로나에 대응하면서 우리 사회의 과거 경험을 뒤돌아보는 동시에, 당사자로서 큰 영향을 미친 인근 동아시아 여러 국가의 국민들이 겪어온 '경험'과 새삼 마주하는 일이 필요하다. 이번 한국어판 출간이 이러한 문제의식을 느끼는 한국의 독자들과 대화할 계기가 되었으면 하는 바람이 크다.

가지타니 가이

들어가며

    중국을 방문하면 감시사회다운 모습에 놀라게 된다. 지하철역에서는 엑스레이로 수하물을 검사하는 등 공항 자체 보안 검색을 실시한다. 고속철도를 타려면 신분증 제시는 필수다. 게다가 거리 곳곳에 설치된 감시카메라는 전국에 약 2억 대이고, 2020년에는 6억 대에 육박할 것이라고도 한다.

    중국은 이제 세계 제일의 스마트폰 앱 대국이라고 불리는데, 메신저 앱·택시호출 앱·배달대행 앱 같은 편리한 서비스를 사용하려면 휴대폰 인증이 필요하다. 그리고 인증한 휴대폰의 번호는 신분증과 여권에 연결되어 기업은 사용자의 개인정보를 정확히 파악할 수 있다. 만약 메신저 앱에 중국 정부가 문제시할 만한 발언이 입력되면, 중국 정부는 기업을 통해 즉시 신원을 조회할 수 있다.

    중국의 네트워크 안전법 제28조에는 "네트워크 운영자는 공안기관과 국가안전기관이 법에 의거해 국가의 안전을 보호하고 범죄를 수사하는 활동에 기술적 지원과 협력을 해야 한다"라는 규정이 있다. 중국에서 인터넷 서비스를 운영하는 기업(외국계 기업도 포함)은 중국의 국가 안전에 관한 문제, 즉 독립운동이나 민주화운동에 관한 정보를 정부기관에 제출할 의무가 있다.

    다시 말해 현실 세계든 인터넷상이든 모든 것들이 정부로 누설된다는 말인데, 놀라운 점은 대부분의 중국인이 불만을 품기는커녕

현 상황을 긍정적으로 보고 있다는 것이다. 하지만 이는 단지 중국인이 프라이버시에 무관심하다거나 전제정치에 세뇌되었다는 등의 단순한 이유 때문은 아니다.

이 책의 과제는 그러한 '행복한 감시사회'의 수수께끼를 밝히는 일이다. 그 수수께끼가 밝혀질 때, 중국의 놀랄 만한 감시사회화는 어느 별세계의 현상이 아니라 우리가 앞으로 직면할 문제임이 분명해질 것이다.

이 책의 내용을 간단히 밝힌다. 1장은 사실에 대한 여러 오인과 오해, 때로는 왜곡으로 가득한 중국의 감시사회에 대한 논의를 다룬다. 그동안 중국은 우리 사회와 상관없고 다른 존재처럼 그려져 왔지만, 사실은 우리와 같은 과제를 풀어나가는 '동류'의 측면도 강하다. 우리 사회와 미래를 생각하는 데 중요한 힌트가 중국에 숨겨져 있다는 점을 짚는다.

2장에서는 알리바바Alibaba, 阿里巴巴와 텐센트Tencent, 腾讯 등의 민간 기업에 의한 기술 개발, 그리고 그것의 사회 적용이 중국 사회를 얼마나 더 편리하고 쾌적하게 만들어왔는지에 주목한다. 여기서는 특히 개인정보와 평판의 교환이 기업과 개인에게 어떠한 의미를 지니는지를 파고들어 간다.

3장은 중국 정부가 주도해 이끌어가는 '사회신용시스템'에 주목한다. 또한 현대의 발달된 기술이 사람들의 행동을 바람직한 방향으로 유도한다는 맥락에서 '관리사회'와 '감시사회'를 '아키텍처 architecture'와 '넛지nudge' 같은 개념을 바탕으로 구체적으로 살펴본다.

한편 2010년 전후, '중국판 트위터'라고도 불리는 웨이보微博로 대표되는 SNS가 보급되면서 '새로운 커뮤니케이션 수단을 이용한 사회운동이 중국 사회를 변화시키지 않을까' 하고 기대하는 사람들이 있었다. 하지만 그 움직임을 당국이 완전히 봉쇄해 버렸다. 그래서 4장에서는 중국 정부의 언론통제가 정보통신기술(ICT)의 진보에 발맞춰 얼마나 발전하고 교묘해졌는지에 대해 현지의 체험과 함께 소개한다.

기술로 인해 관리사회와 감시사회가 진전하면서, 서양의 여러 국가에서도 근대적인 '시민적 공공성'의 기반이 흔들리고 있다. 이 책의 논의 대상인 현대 중국의 변화 역시 기본적으로 그러한 맥락에서 파악해야 한다. 5장에서는 역사적 배경을 바탕으로 '기술을 통한 통치와 시민사회'라는 관점에서 시민적 공공성을 새롭게 검토해 보려고 한다.

'감시카메라망'이 충실해지고 '신용점수' 등의 등급제가 침투하면서, 중국의 대도시는 '바르고 예측 가능한 사회'가 되어가고 있다. 6장에서는 그러한 '사회질서=공공성의 실현'에 주목하고, 이 현상이 중국 같은 권위주의 국가에서 보이는 상황이 어떤 의미를 갖는지 생각해 본다.

그런데 이러한 현대 중국의 '감시사회화'가 조지 오웰이 《1984》에서 묘사한 감시사회화와 가까운 이미지라는 지적을 피할 수 없는 사태도 현실에서 생기고 있다. 7장에서는 조지 오웰이 말한 감시의 최전선, 심각한 민족 문제를 안고 있는 신장 위구르 자치구에서 일어나는 일들에 초점을 맞춰 논해보고 싶다.

　이 책을 통해 현대 중국의 '감시사회'를 둘러싸고 다소 편향된 의견을 보이는 일본 내의 여론에 미미하게나마 파문을 일으킬 수 있다면, 이 책을 쓴 필자들에겐 큰 기쁨이 될 것이다.

차례

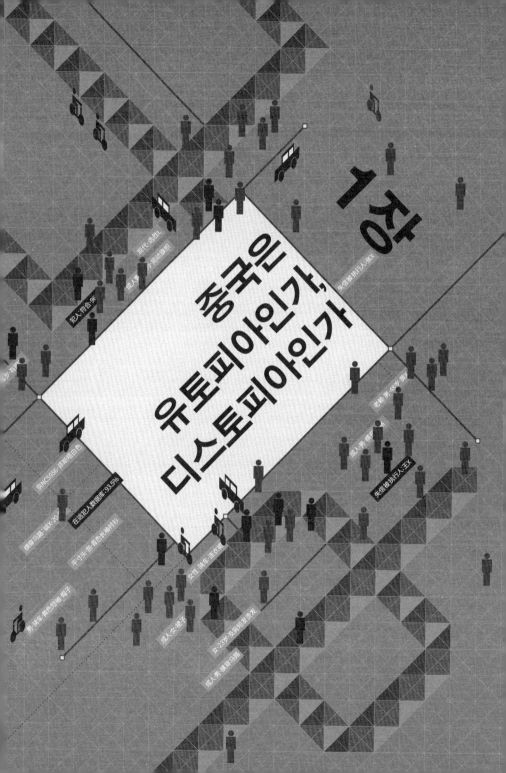

1장

중국인
유토피아인가,
디스토피아인가

"엡실론은 자기가 엡실론이어도 신경 쓰지 않는군요."
레니나는 소리 내어 말했다.

"그건 그래요. 당연하겠죠.
그 신분 외의 자신은 알지 못하니까.
물론 우린 엡실론 같은 건 싫지만,
그건 그런 식으로 우리가 조건화되었으니 그런 거죠.
게다가 처음부터 다른 유전형질을 가지고 태어났어요."

"난 엡실론이 아니어서 다행이에요."
레니나는 딱 잘라 말했다.

"만약 당신이 엡실론이라면 조건화 훈련 때문에
자신이 베타나 알파가 아니라서
다행이라고 생각했을 거예요."

-올더스 헉슬리, 《멋진 신세계》 중에서-

오류가 많은 보도

최근 중국 사회의 급속한 IT기술 보급과 생활 인프라의 인터넷화는 개인정보가 방대하게 축적되고 이를 이용한 기술로 사회 통치가 이뤄지는 새로운 상황을 불러오고 있다.

지방정부 등이 행정기관을 거쳐 시민에게서 입수한 개인정보를 통합해 '등급 매기기'를 하는 사회신용시스템, 또는 알리바바 그룹의 산하 기업이 제공하는 '즈마신용芝麻信用'이 대표적인 사회신용점수 등, AI인공지능와 빅데이터를 이용한 선진 서비스가 급속히 퍼지고 있다는 말은 많이들 들어보았을 것이다.

거리에 감시카메라를 설치하고 교통질서를 위반한 시민의 얼굴 사진을 대형 스크린에 노출하는 등 '본보기 징계' 같은 비교적 원시적인 방법도 아무렇지 않게 일어나고 있다. 이러한 중국 사회의 현상을 우리는 어떻게 이해해야 할까?

요즘 일본에서도 기술 진화에 따른 '감시사회화'에 대한 관심이 높아지고, 관련 서적이 많이 출판되고 있는 한편, TV 보도 프로그램이나 비즈니스 잡지 등에서도 잇달아 감시사회화를 주제로 특집을 내보내고 있다.[1]

여기서 공통적으로 보이는 특징은 중국을 나쁜 '감시사회'의 실제 사례로 다루면서 부정적인 어조로 소개한다는 점이다. 그러나 그렇게 다소 선정적인 보도가 과연 실제로 중국에서 발생하고 있는 현상을 정확하게 전달한다고 말할 수 있을까? 보도의 전형적인 예를 하나 소개한다.

독일 공영방송인 도이체 벨레 중국어 전자판 3월 4일자에 따르면, 중국 국가공공신용정보센터의 기록상으로 2018년에 중국 당국은 법률을 위반한 1750만 명의 국내외 여행을 제한하고, 항공권 구매를 금지했다. 또한 그 외 550만 명에 대해 고속철도와 열차 이용을 금지했다.

마약 소지, 탈세, 벌금 미납, 교통법규 위반 등을 사회신용시스템의 규제 대상으로 정하는 한편, 집회 참가나 소셜 미디어상에서의 체제 비판 발언도 '위법행위'로 인정한다.[2]

중국에는 국민을 감시하는 거대한 시스템이 있고, 교통법규 위반부터 소셜 미디어상에서의 체제 비판까지 감시하고 있다, 위반자에게는 항공권 구매와 철도 이용 금지 등 사회적 제재가 가해지는데, 이미 2천만 명이 그 대상이 되어 있다…. 이러한 기사를 읽으며 '역시 공산주의 독재국가는 무섭군', '조지 오웰의 《1984》와 똑같잖아' 하고 느낀 독자가 적지 않을 것이다.

이렇게 현대 중국의 감시사회화에 경종을 울리는 보도나 기사의 대부분은 기본적으로 감시사회화란 사람들의 자유로운 활동과 언론을 위협하는 '디스토피아화'임을 강조한다. 또한 그 배경에는 공산당 일당독재 체제, 특히 강압적인 태도가 뚜렷한 시진핑习近平 정권이 언론을 탄압한다는 점을 비판적인 어조로 말한다.

그러한 종류의 보도나 기사는 일일이 헤아릴 수도 없을 만큼 많다. 그런데 앞에서 말한 보도와 기사의 대부분이 오류투성이고, 완곡하게 표현해도 그 내용이 독자를 잘못된 방향으로 이끈다고 말할 수밖에 없다. 왜냐하면 영미권과 일본어권 언론에서 중국의 사회신용시스템과 감시사회에 관해 다루는 보도와 기사의 대부분은 '어쨌든 저렇게 언론이 탄압받고 있으니까 중국은 감시기술이 보급되면서 분명 우리가 상상도 할 수 없는 디스토피아가 구축돼 있을게 분명해'라는 식의 선입견에서 비롯된 편향에 완전히 사로잡혀 있기 때문이다.

전문가도 이해하지 못하고 있다

'디지털 감시사회'의 실체를 잘 아는 전문가조차 중국의 감시사회에 대해서는 정확히 이해하지 못하는 듯하다. 《아사히신문》의 IT 전문 기자였던 다이라 가즈히로平和博의 저서 《악의 AI론―당신은 이렇게까지 지배당하고 있다悪のAI論―あなたはここまで支配されている》는 AI 이용의 문제점을 여러 가지 실례를 통해 소개하는데, 필자도 많이 배운 좋은 책이다.

그 책에는 중국에 대한 대목도 많다. 예를 들어 "사회신용시스템은 중국 국무원이 2014년 6월에 사회규범 향상을 목표로 내건 프로젝트다. 목표 연도는 2020년, 14억 국민을 대상으로 '사회신용점수'를 정비하는 것이다"라고 서술되어 있고, '사회신용시스템 건설계획 강요'의 링크가 함께 적혀 있다.

하지만 사실 링크를 적은 그 공문서에 소위 '신용점수'는 쓰여 있지 않다. 3장에서도 자세히 설명하겠지만 '위법행위나 사회 공헌 유무에 따라 오르내리는 신용점수' 같은, 중국 전역을 대상으로 하는 시스템은 현시점에서는 존재하지 않는다. 조금 전에 인용한 기사도 그렇지만 이러한 오해가 생기는 이유는 편향에서 비롯된 선행 정보를 참조한 결과, 그 뒤에 나오는 정보 역시 편향되어 버리는 악순환이 반복되었기 때문이라고 생각한다.

이렇게 일본에서는 중국이 가진 하이테크 감시사회 이미지만 부풀어 오르고 있지만, 당사자인 중국은 도대체 스스로를 어떻게 인식하고 있을까? 조금 전의 '사회신용시스템 건설계획 강요'에서는 아래와 같이 표현하고 있다.

우리 나라의 사회신용시스템 구축에 어느 정도 진전이 있었다고는 하지만, 경제발전 수준과 사회발전 단계의 불균형·부조화·부적합과 같은 모순이 여전히 두드러져 있다. 중요한 문제는 사회 전체를 대상으로 하는 신용평가시스템이 아직 형성되어 있지 않다는 점, 사회 구성원의 신용기록이 부족한 점, 신용 준수의 장려와 신용 위반 징계의 메커니즘이 건전하지 못하다는 점이다.[3]

이 글에서 알 수 있는 사실은 '중국의 사회신용은 매우 낮은 단계에 있다. 그렇기 때문에 어떻게든 빨리 선진국을 뒤따라가야 한다'

며 중국 정부가 초조해한다는 점이다. 다시 말해, "미국과 일본 같은 나라보다 하이테크가 훨씬 발달한 감시사회가 출현했다!"와 같은 외부의 시점과, 중국 자신이 현재 상황을 대하는 내부의 시점은 평가를 정반대로 하고 있다.

분산식 처리와 집중식 처리

서양의 여러 국가와 일본이 중국의 '감시사회화'를 편향된 시각으로 바라보는 이유 중 하나는, 다음 장에서도 자세히 설명하겠지만, 중국의 기술 진보나 사회 적용 속도가 너무 빨라 전문가라도 상황을 쫓아가기가 무척 힘들다는 점이다.

하지만 그보다 더 주된 이유로는 중국의 사회체제가 보편적 인권·의회제 민주주의·법의 지배·입헌주의 등의 보편적 가치에 바탕을 둔 체제와는 근본적으로 다르기 때문에, 급격히 변화하는 기술, 특히 감시사회와 관련된 기술이 중국에서 도대체 어떻게 사용되는지 몰라서 생기는 '불확실성'을 막연히 두려워하기 때문이 아닌가 싶다.

더구나 중국과 같은 권위주의 국가야말로 미래의 AI+빅데이터 시대에 패권을 장악할 것이라는 주장이 나름대로 설득력을 가지고 전개되기 시작했다는 점도 그러한 막연한 공포를 조장하는 배경 중 하나로 보인다.

예를 들면 세계적인 베스트셀러 《사피엔스》의 저자인 유발 하라리는 근작 《호모 데우스》에서, 민주주의나 독재주의라는 정치체제를 서로 경쟁하는 정보 수집·분석 메커니즘으로 파악해야 한다고 주장하고 있다. 독재주의는 '집중식 처리' 방법을 사용하고, 민주주의는 '분산식 처리'를 선호한다는 것이다.

'집중식 처리'와 '분산식 처리'는 본래 데이터 처리상의 개념으로, 전자는 정보나 보안 관리를 하나의 컴퓨터로 처리하는 방식이고, 후자는 여러 컴퓨터로 처리하는 방식을 말한다. 그렇지만 그 책에서는 국가가 경제나 정치 등의 시스템을 운용하는 데 필요한 정보를 일원적으로 관리 및 처리하는지, 아니면 더 다양한 조직으로 그러하는지를 대비하기 위해 빗대어 사용했다.

그에 더해 하라리는 기술이 점점 빠르게 변화한 20세기 후반은 개개의 기업 차원에서 경제와 산업에 관한 정보를 처리하고 서로 경쟁하는 듯한 분산식 처리형 시스템이 제대로 작용하는 상황이었기 때문에, 민주주의를 내건 자유주의 진영이 냉전의 기술 전쟁에서 승리했다고 말한다. 하지만 21세기에는 또다시 기술의 성질이 변화하고, 데이터의 양과 처리 속도의 중요성이 증가하면서 앞으로는 독재 체제가 우위에 설 가능성이 있다는 점을 시사하고 있다.

"오늘날 민주주의의 구조로는 중요한 데이터 수집과 처리가 충분하지 않고, 대부분의 유권자가 적절한 의견을 가질 정도로 생물학이나 인공두뇌학을 이해하지는 못한다. 따라서 지금까지의 민주주의 정치는 다양한 일을 제어할 수 없게 되고, 앞으로의 가치 있는 비전을 우리에게 제시하지 못하고 있다"[4]라는 것이다.

또한 경제학자 이노우에 도모히로井上智洋는 AI · 빅데이터 · 사물인터넷(IoT) 등의 차세대 범용목적기술(GPT)을 빠르게 발전시킨 국가가 4차 산업혁명의 패권을 쥘 국가가 될 것이라고 말하며, 중국을 가장 유력한 후보 국가로 예측하고 있다. "차세대에 가장 중요한 기술인 AI에 대한 정부와 민간의 대처가 중국 내에서 가장 활발"하고, 나아가 "인구가 많고 독재적인 국가이기 때문에 인권을 경시하며 개인정보를 수집할 수 있기 때문에 많은 데이터를 얻기 쉽기" 때문이다.[5]

다만 여기서 주의해야 할 점은 현대 중국의 기술 진보 요인이 정보의 '집중식 처리'에 있다는 생각은 상당히 잘못되었다는 것이다. 우선 2장에서 보겠지만, 디지털 시대의 새로운 기술을 개발해 우선적으로 사회에 적용하는 주체는 알리바바와 텐센트를 비롯해 민간 기업이 압도적으로 많다.

신기술 개발에 정보의 '집중식 처리'가 중요하다면, 집중식 처리에 우위를 차지하는 쪽은 국영기업이어야 하는데 실제로는 전혀 그렇지 않다. 또한 7장에서도 설명하겠지만, 중국은 블록체인 등 분산형 네트워크를 이용한 정보처리기술의 개발과 사회 적용에서도 세계 첨단을 달리고 있다.

기술에 대한 신뢰와 행복감

그렇기는 하지만 정치권력이 국가에 집중되는 권위주의 국가야말로 AI 패권을 잡는다는 주장의 유행은 현재 중국 사회에서 기술에 대한 신뢰를 바탕으로 한 '유포리아euphoria(행복감)'가 생긴 상황과 무관하지는 않은 것 같다.

예를 들어 글로벌 여론조사업체 입소스의 '세계가 걱정하는 것에 대한 조사What Worries the World study' 2019년 결과에 따르면, 조사 대상 28개국 국민들의 과반수가 평균적으로 '자국이 잘못된 방향으로 나아가고 있다'고 느끼는 반면(58%) 중국은 자국이 나아가는 방향성에 가장 자신감을 가지는 국가로, 조사 대상자의 94%가 "올바른 방향으로 나아가고 있다"라고 대답했다는 결과가 나왔다.

이 조사는 매년 실시되는데, 중국에서는 한결같이 대상자의 90% 안팎이 자국이 "올바른 방향으로 나아가고 있다"라고 대답하고 있다. 이렇게 말하면 '공산주의 독재국가에서 국민들이 세뇌를 당했기 때문'이라는 반응이 나올지 모르겠지만, 민주주의 국가인 인도 역시 자국이 나아가는 방향성에 대해서는 긍정적인 대답이 한결같이 높은 비율을 보이고 있다. 이 숫자는 일반적으로 경제성장률이 높은 신흥국가에서 높은 경향이 있는 것 같다.

또한 미국의 컨설팅 회사 에델만이 27개국의 약 3만 3천 명을 대상으로 1인당 30분씩 온라인 조사를 실시해 정리한 보고서 '2019 에델만 트러스트 바로미터'에 따르면, "기술을 신뢰하십니까, 아니십니까"라는 질문에 대해 "신뢰한다"라고 대답한 사람의 비율이 중국에서는 91%에 달해, 조사 대상국 중 1위를 차지했다. 참고로 일본에서는 "신뢰한다"라고 대답한 사람의 비율이 66%로, 러시아와 나란히 최하위였다.

경제성장률이 높은 신흥국에서는 전체적으로 기술을 긍정적으로 여기는 경향이 있기는 하지만, 중국 사회의 기술 신뢰와 또 신뢰에서 발생하는 미래 사회에 대한 낙관적 자세technological-euphoria는 세계 주요 국가 중에서도 두드러져 보인다.

미래상과 현실 간 격차가 일으키는 인지부조화

기술에 대한 그러한 신뢰는 '감시'기술도 마찬가지로 사회의 편리성을 높이고 치안을 강화한다는 등의 긍정적인 평가로 이어진다고 말할 수 있다.

예를 들어 중국을 대표하는 IT 대기업인 알리바바 그룹 산하의 알리바바 클라우드알리윈, 阿里云가 자사의 풍부한 빅데이터를 이용해 저장성 항저우시의 도시 인프라 디지털화를 추진하는 스마트시티 계획인 'ET 도시 대뇌ET城市大腦'의 목표를 살펴볼 수 있다. "빅데이터 그 자체를 도시 인프라로 평가"해서 AI를 이용한 데이터 활용이 교통체증 해소, 에너지 손실 절감, 물류의 고속화, 시정 서비스의 간편성 향상, 방범 체계의 강화로 이어지길 기대한다고 한다.[6]

또한 알리바바 클라우드는 자신들이 하는 일이 "빅데이터의 내부 정보에는 전혀 접촉하지 않고 알고리즘을 해석해, 요구된(혹은 요구될) 정보를 자동적으로 출력할" 뿐이라고 설명했다고 한다. 이는 알리바바와 같은 사기업이 정부와 협력해 공공연히 시민을 감시하는 게 아니냐는 해외의 비판에 대한 예방책이라고도 할 수 있을 것 같다.

이 발언들의 배경에 있을 '사상'을 필자 나름대로 대강 헤아려보면, 독재자의 의도에 따른 시민 감시 등은 빅데이터와 그 해석을 바탕으로 한 지금의 기술로는 처음부터 현실적이지 않다, 굳이 말하자면 시민을 감시하는 주체는 어느 한 특정인이 아니라 AI 혹은 그것을 움직이는 알고리즘 그 자체다, 때문에 더더욱 우리는 공산당의 자의적인 감시보다 디지털 감시기술 쪽을 신뢰할 수 있다, 이러한 느낌이 아닐까 싶다.

그러한 생각은 사실 공리주의라는 강고한 철학적 기반을 갖고 있고, 쉽게 부정할 수 없어 보이는데, 그 점에 대해서는 6장에서 자세히 이야기하려고 한다.

물론 기술에 대한 사람들의 신뢰감과 기술이 진보해 사회가 전체적으로 바람직한 방향으로 나아간다는 느낌이 중국에서 강하다고 해서, 곧바로 '현재의 권위주의 체제를 지지한다'는 결론으로 이끌어갈 수는 없을 뿐 아니라, 그렇게 하는 것도 위험하다.

그래도 기술이 주는 '미래상'에 중국 사회의 대다수 국민이 가진 낙관론과, 중국의 '외부'에서 제기하는 언론 탄압 및 소수민족 문제의 심각성(4장과 7장 참조) 사이의 격차는 확실히 커서, 우리에게 '인지부조화(자신의 머릿속에서 모순되는 인지를 안고 있을 때 느끼는 불쾌감)'를 불러일으킨다고 볼 수 있다. 현대 중국의 감시사회, 혹은 감시기술에 대한 객관적인 사실을 근거로 한 보도나 논의가 적은 상황도 이러한 인지부조화와 관계있지 않을까.

행복을 원하고 감시를 받아들이는 사람들

앞에서 언급했듯이 현대 중국의 감시사회에 관한 보도나 기사는—조지 오웰의 소설《1984》에 묘사된 독재자 '빅브라더'가 곳곳에 설치된 '텔레스크린'을 통해 사람들의 말과 행동을 감시하는 세계, 혹은 독일의 정치학자 제바스티안 하일만Sebastian Heilmann 때문에 자주 쓰이는 '디지털 레닌주의'라는 용어로 상징되듯이—정보를 중앙정부에 극도로 집중시키는 냉전기 스탈린주의의 진화판과 같은 이미지로 받아들이는 듯하다.

그러나 이 책에서 우리는 현재 중국 사회에서 일어나고 있는 일을 냉전기 사회주의 국가에서 볼 수 있던 감시사회와 같은 유형으로 보기에는 상당히 오해의 소지가 있다는 입장에 선다. 기술, 그리고 기술이 초래하는 사회 변화와 미래상에 사람들이 품는 긍정적인 감정에 주로 초점을 맞추면서, 동전의 양면처럼 진행되는 감시사회화를 논하려고 한다. 즉, 감시사회를 말할 때 그에 따르는 '자유의 상실'을 논한다면, 동시에 '편리성과 안전성 향상'에도 관심을 기져야 하지 않겠냐는 관점이다.

그러한 시각에서 중국의 현재 상황은 더 편리하고 쾌적한 사회를 바라는 사람들의 공리주의적 욕망을 바탕으로 변화하고 있기 때문에, 같은 SF소설이라도《1984》보다는 서두에서 인용한 올더스 헉슬리의《멋진 신세계》속의 세계에 훨씬 더 가깝다는 생각이 든다.

《1984》속의 세계는 사람들이 자유를 빼앗긴 채 획일적으로 생활하는 디스토피아지만,《멋진 신세계》의 세계에서는 사람들이 골치 아픈 가족 관계, 육아, 돌봄노동 등에서 해방되고, 보람 있는 직업을 가지고, 불특정 다수와 성관계를 맺는 향락적인 생활을 즐긴다. 더구나 사람들이 자신의 욕망에 따라 행동한다고 해도 사회질서가 붕괴되는 일은 결코 없다.

왜냐하면 그곳에서는 모든 사람들이 '사회적 인간', 즉 갓난아기 때부터 인큐베이터상의 환경·영양 통제를 통한 조건반사 학습과 수면 학습 등을 받아 사회규범을 일탈하려는 욕망을 처음부터 품지 않는 사람으로 키워지기 때문이다. 그러한 '조건화conditioning, 어떤 자극과 반응이 서로 연관을 가지도록 하는 학습'가 사회 계층과 개인의 능력을 연결해서 '알파'부터 '엡실론'까지의 타입을 형성 및 재생산하고, 최하층 엡실론에게 가혹한 육체노동을 짊어지우는 철저한 분업 체제를 유지시킨다.

두 작품 모두 디스토피아 소설의 고전 명작으로 불린다. 다만 《1984》의 세계관은 후속 작품이 많지 않은 반면,《멋진 신세계》의 세계관은 그 후로도 많은 작품으로 이어지고 있다.7 아마 후자의 작품이 사람들이 널리 공유하는 자본주의적·공리주의적인 가치관을 바탕으로 하면서, 다다르게 될 앞날을 멋지게 암시해서가 아닐까 싶다.《1984》는 20세기 초 사회주의의 이미지에 강한 영향을 받은 세계관인 데 비해,《멋진 신세계》는 특히 자본주의적인, 어떤 의미에서는 그 이상형인 미래상을 보여주고 있다.

참고로 중국을 제재로 한 디스토피아 소설로는 천관중陳冠中이 쓴 《성세—중국 2013년盛世—中国2013年》이 있다. 이 책은 기술을 통한 사람들의 감시라는 주제를 직접적으로 다루지는 않지만, 중국 사회의 현실과 미래에 유포리아를 품는 사람들과 그들에게 위화감을 품는 일부 극소수의 사람들 사이의 대비를 꽤 사실적으로 그린다. 이렇게 '현실을 긍정하는 대다수'와 '그것을 받아들일 수 없는 소수자들'의 대비도《멋진 신세계》이후로 여러 번 반복해서 그려진 주제다.

감이 뛰어난 독자는 알아차렸겠지만, 필자는 더 행복한 상태를 바라는 사람들의 욕망이 결과적으로 감시와 관리를 강화하는 방향으로 움직이고 있다는 점에서 현대 중국에서 발생하는 현상과 선진국에서 발생하는 현상, 나아가《멋진 신세계》와 같은 SF소설 작품이 암시하는 미래상 사이에 본질적인 차이는 없다고 생각한다.

헌법학자 야마모토 다쓰히코山本龍彦는 알리바바 그룹 산하의 앤트 파이낸셜Ant Finacial, 蚂蚁金服이 개발한 '즈마신용'을 그 예로 든다. 그는 민간기업이 빅데이터를 활용해 개발한 개인 대상의 '신용점수'가 사회에 보급되면서, 부정적인 평가를 받은 사람들의 활동 범위기 점점 좁아지고 계층이 고정화되는 '가상의 슬럼' 현상이 발생할 가능성이 있다고 경고한다.

AI와 빅데이터가 만들 '가상의 슬럼'으로 생기는 계층 고정화 현상과, 출생과 함께 이뤄진 '조건화'로 알파부터 엡실론까지의 계급이 재생산되는 《멋진 신세계》속 설정까지는 앞으로 얼마 남지 않은 게 아닐까.

중국의 감시사회화를 어떻게 인식해야 할까

기술의 관점에서 중국을 논한 서적은 무현금화 사회나 핀테크 등의 비즈니스 관점, 나아가서는 트럼프 집권 이후 표면으로 드러난 미중 간의 '하이테크 패권 싸움'에 얽힌 지정학적 관점에서 쓰인 책을 포함해 현재 많이 나와 있다.

그런데 굳이 이 책을 집필한 의도는 기술이 초래하는 실제 사회변화를 가능한 한 사실적으로 바라보면서 전 세계에서 급속도로 진행되는 새로운 '감시사회화' 흐름ー즉, 20세기 조지 오웰식 감시사회와는 다른 흐름ー속에 현대 중국에서 일어나는 현상을 평가하고자 하는 것이다.

현대의 감시사회를 둘러싸고, 지금까지 서양과 일본 등의 사례를 중심으로 한 논의가 방대하게 축적되어 있다(3장 참조). 그중에는 감시사회를 사람들의 자유로운 활동과 의견 표현을 위협하는 디스토피아와 동일시하고 경계하는 듯한 비교적 단순한 주장도 있지만, 그러한 논의는 오히려 힘이 약해지고 있다.

대신 최근에는 기술 발전에 따른 감시사회화는 멈출 수 없는 움직임이라고 인정하고, 대기업과 정부의 빅데이터 관리·감시를 시민(사회)이 어떻게 점검할지에 대한 논의로 초점이 옮겨가고 있다.

하지만 공산당 일당 지배가 이어지는 현대 중국에서 '정부 감시를 대상으로 한 시민의 감시' 같은 메커니즘을 기대하기는 어렵다. 한편 현대인들이 감시사회를 받아들인 배경에, 서로 맞교환 관계인 편리성·안전성과 개인 프라이버시(인권) 사이에서 전자를 더 우선시하는 공리주의적인 자세가 존재한다면, 감시사회를 수용하는 데 중국과 서양 선진국들 사이에 명확히 선을 그을 수는 없다.

때문에 이러한 관점에서 중국의 감시사회에 대해 생각할 때는 그 시민사회적 기반과 공공성, 혹은 통치 방식도 포함해 더 넓은 시야로 논의할 필요가 있다. 이 책의 후반부에서 그 점도 깊이 있게 논할 생각이지만, 그 전에 먼저 현재 중국에서 무슨 일이 일어나고 있는지를 자세히 살펴보자.

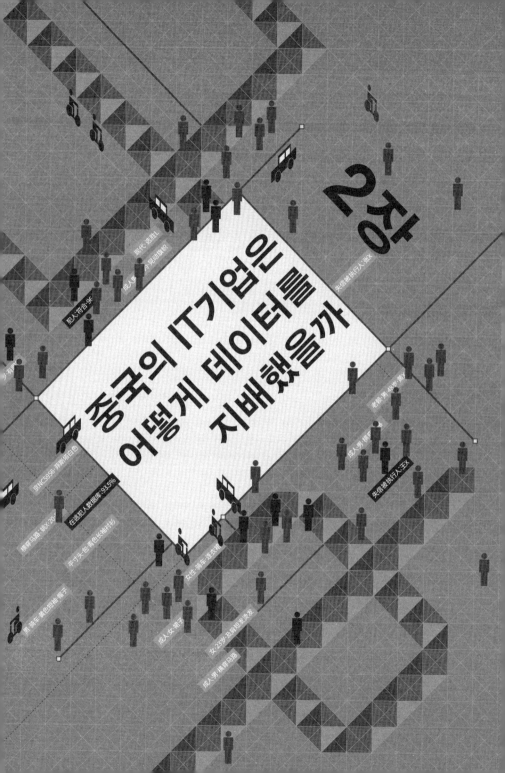

2장

중국의 IT기업은
어떻게 데이터를
지배했을까

신4대 발명이란 무엇인가

나침반, 화약, 종이, 인쇄술. 세계사 수업에서 배우는 고대 중국의 4대 발명이다. 중국으로서는 인류사에 빛나는 공헌을 한 것이고, 2008년 베이징 올림픽 개회식 공연에도 소개되었다. 그런데 최근 '신新4대 발명'이 등장했다. 고속철도, 전자상거래, 모바일 결제, 공유자전거다.

2017년에 베이징외국어대학이 외국인 유학생을 대상으로 실시한 설문조사에서 선정된 기술로, 중국에서 생활한 외국인을 놀라게 한 편리한 서비스를 나타낸다. 고대 중국의 4대 발명과 비교하기는 좀 거창하다는 생각도 들지만, 중국 사회를 크게 변화시킨 서비스임에는 틀림없다.

다만 '발명'이라기엔 중국이 발명한 것은 자전거 주차장 없이 원하는 장소에 자전거를 세워둘 수 있는 공유자전거 정도가 아닐까? 나머지 세 가지는 전부 다른 국가에서 발명된 기술이다. 특히 중국의 고속철도는 일본의 신칸센 기술도 제공받았는데 중국의 발명품이라고 하니 묘한 기분이 든다. 다만 혁신, 즉 새로운 방법으로 사회적 의의가 있는 가치를 창출했는지를 살핀다면 신4대 발명은 훌륭한 기술 혁신이다.

중국 경제를 연구하는 이토 아세伊藤亜聖는 중국의 혁신을 '제조업 집중과 분업 체제에 기반한 서플라이 체인형, 인터넷 플랫폼 기업이 이끄는 디지털 이코노미형, 다양한 아이디어를 시장에 도입·수

정체 가는 사회응용형', 그리고 기초 연구에 근거한 과학기술형' 등 네 가지 형태로 분류하고 있다. 그중에서 발명에 속하는 혁신은 '과학기술형'뿐이다. 바꿔 말하면, 중국에서는 발명 이외의 혁신이 중심이다. 기술은 개발되기만 해서는 아무것도 만들어낼 수 없다. 활용되기 시작하면서 비로소 가치를 가진다. 그리고 중국은 그 속도가 놀랄 만큼 빠르다.

신4대 발명 중 하나인 고속철도를 예로 들어보자. 중국의 고속철도는 2008년에 운행을 시작했다. 아직 역사는 10년 남짓하지만, 그 영업거리철도 노선 중 요금을 받는 노선의 거리는 2만 9천 킬로미터(2018년 말 기준)로, 일본의 신칸센이 50년 넘게 걸려서 쌓아온 선로의 10배 이상에 달한다. 지금도 노선을 증설하고 있어 2030년에 '팔종팔횡(남북 8개 노선, 동서 8개 노선의 주요 고속철도망)'을 완성한다면 인구 50만 명 이상의 도시는 대부분 고속철도망에 연결된다. 선로 길이가 4만 5천 킬로미터에 달하는 계획이다.

처음에는 기술을 빌려왔지만 그만큼의 양을 축적하는 동안 중국 기업의 실력도 성장하고 있다. 게다가 실제로 만들고 운용하다가 문제가 발생하면 수정해 나갈 수 있다. 중국식 혁신의 특징은 단지 투입이 빠른 것만이 아니라, 엄청난 속도로 개선을 진행하고 있다는 점이다.

알리바바는 어떻게 아마존을 이길 수 있었을까

고속철도와 마찬가지로 전자상거래, 즉 인터넷 쇼핑도 중국에서 급속도로 퍼지며 진화를 거듭하고 있다. 중국 전자상거래 시장의 규모는 9394억 달러로, 전 세계 전자상거래 시장 규모의 40%에 달해 세계 1위다(2018년판 일본 통상백서 참조. 2017년 실적). 그렇다면 중국은 어떻게 세계 제일의 전자상거래 대국이 되었을까?

중국에서 가장 규모가 큰 전자상거래 기업인 알리바바 그룹을 예로 들어보자. 알리바바 그룹의 창업자인 마윈马云은 대학에서 영어 강사로 재직하던 1995년에 미국으로 출장하면서 인터넷을 알게 되었다. 인터넷이 세계를 바꿀 기술이라고 생각한 마윈은 큰 감명을 받아 회사를 세우게 된다. 인터넷 안내 사이트 회사, 정부 관련 대기업용 전자상거래 사이트 구축 회사를 거쳐, 1999년에 알리바바를 창업했다.

처음에는 B2B(기업 대 기업) 거래 서비스로 시작했다. 마윈은 저장성 출신인데, 저장성에는 '100엔 숍의 고향'이라고 불리고, 플라스틱 제품과 철물 및 일용품 등을 취급하는 거대 도매 시장인 이우义乌 국제시장이 있다. 일본의 100엔 숍 같은 거대 기업부터 중국의 무수히 많은 구멍가게에 이르기까지 다양한 상점이 물건을 매입하는 시장이다. 도매 시장에서 물건을 매입해 판매한 경험이 있는 마윈은 그러한 도매 시장을 인터넷 세계에 그대로 옮겨오겠다는 구상을 했을 것이다.

그랬던 알리바바는 2000년대 초반에 전환기를 맞는다. 미국에서 이베이와 아마존이라는 거대 전자상거래 기업이 중국에 들어왔기 때문이다. 두 기업 모두 C2C(개인 대 개인) 전자상거래 사이트다. 그들과 대항해야 할 알리바바도 타오바오淘宝网라는 사이트를 운영하기 시작했다. 2000년대 초반에는 세계 제일의 실력을 자랑하는 미국의 IT기업과 중국 IT기업 간의 실력 차이가 컸지만, 결국 알리바바는 이 싸움에서 이겨 살아남았다.

중국형 전자상거래의 특징

알리바바가 승리할 수 있었던 이유는 '중국인이 사용하기 편리한 서비스를 어떻게 실현할지'에서 이베이와 아마존을 이길 수 있었기 때문이다. '상품 중심 전자상거래'와 '사람 중심 전자상거래'라는 시점에서 바라보면 쉽게 이해할 수 있다.

'상품 중심 전자상거래'의 대표자는 아마존이다. 아마존 사이트에서 소비자는 먼저 원하는 상품을 검색하고, 구매할 상품을 결정한다. 같은 상품을 여러 업체에서 판매하는 경우에는 어디서 구매할지를 선택할 수 있기는 하지만, 대부분의 소비자는 의식하지 않을 것이다. '뭘 사는지'가 중요하지 '누구에게서 사는지'는 전혀 중요하지 않다.

한편 '사람 중심 전자상거래'인 타오바오에서는 검색을 하면 먼저 업체가 나열된다. 상품이 표준화되지 않았기 때문에 같은 상품이라도 다른 명칭으로 판매되거나 부속품이 달라서 비교해 검토하기가 쉽지 않다. 하지만 아마존에 익숙한 소비자 입장에서 보면 대단히 비효율적으로 보여도, '사람 중심 전자상거래'에는 다른 장점이 있다.

아마존 같은 '상품 중심 전자상거래'는 직접 정보를 찾고 상품을 비교·검토할 수 있는 사용자에게는 이용하기 편리하지만, 전자상거래가 낯선 사람은 조금 어렵다. 그러나 '사람 중심 전자상거래'인 타오바오에서는 믿을 수 있는 업체를 찾을 수만 있으면 거기서 계속 물건을 구매하면 되기 때문에 전자상거래가 낯선 사람도 쉽게 이용할 수 있다.

타오바오에는 고객이 업체의 신용을 평가하는 시스템이 있어 나쁜 평가를 받으면 매출에 큰 영향을 미치기 때문에 업체도 친절하고 정중히 대응한다. 채팅으로 설명해 주는 기능도 있기 때문에 상담하는 동안 "고객님이 원하시는 상품은 이게 아닌가요?" 하고 다른 상품을 권하기도 한다. 현실 속의 가게를 그대로 인터넷 세계로 옮겨온 듯한 시스템을 만든 이유다. '뭘 살까'보다 '누구에게서 살까'가 더 중요한 세계다.

어느 나라에서 전자상거래가 얼마나 보급되어 있는지를 나타내는 지표로 EC화율이 있다. 그 나라의 소매 판매액에서 차지하는 인터넷 판매액의 비율로, 일본은 2017년 실적으로 5.79%, 중국은 그 3배 이상인 19%다. EC화율을 이 정도로 높이기 위해서는 전자상거래가 낯선 사람을 끌어들여, 더 많은 사용자를 유입해야 한다. 때문에 평범한 상점에 가까운 느낌의, '사람 중심 전자상거래'인 타오바오가 중요했다.

라이브 커머스, 공동구매, 서취 전자상거래

또한 중국에서는 최근 '사람 중심 전자상거래'를 발전시킨 새로운 서비스가 속속 등장하고 있다. 그중에서 라이브 커머스, 공동구매, 서취社区 전자상거래를 살펴보자.

라이브 커머스는 동영상 전송과 인터넷 쇼핑을 일체화한 서비스다. 전송자가 생방송으로 상품을 설명하면 시청자는 그 동영상을 보면서 버튼을 누르기만 해도 상품을 구매할 수 있어, TV 통신판매와 비슷하지만 시청자 의견에 진행자가 답변하는 식의 양방향적 성격이 특징이다.

옷을 판매하는 진행자에게 "옷 안감 좀 보여주세요", "사이즈 느낌을 보고 싶은데 좀 입어봐 주세요" 등의 말을 보내면, 진행자는 그에 따라 상품을 보여주거나 질문에 대답해 준다. 최근에는 농촌에서도 라이브 커머스가 널리 퍼지고 있다. 일본 슈퍼마켓 중에서도 "○○지역의 다나카 씨가 재배한 채소입니다" 하고 생산자의 얼굴을 보여주며 상품을 판매하는 곳이 있는데, 라이브 커머스는 생산자가 직접 동영상에 나와 질문에 답해주기 때문에 더 친근한 느낌을 준다.

이 라이브 커머스는 2015년부터 시작되었다는데, 지금은 많은 전자상거래 사이트가 제공하는 인기 서비스가 되었다. 그리고 라이브 커머스보다 조금 늦게 시작해 유행을 일으킨 전자상거래로 공동구매가 있는데, 그 견인차 역할을 한 기업은 핀둬둬拼多多라는 신흥 기업이다. 2015년에 창업해 불과 3년 만에 총상품판매액(GMV. IT기업에서 자주 사용되는 지표로, 서비스상으로 실행된 거래의 총합계)이 연 1000억 위안을 돌파해 알리바바 그룹과 JD닷컴에 이어 3위를 차지했다. 주문 건수로는 알리바바 그룹에 이어 2위로까지 성장해 미국 나스닥에 상장했다.

핀둬둬가 시작한 공동구매란, 같은 상품을 많은 사람이 구매하면 그만큼 가격이 내려가는 시스템이다. 예를 들어 화장지를 혼자 구매하면 1개에 100엔이지만 10명이 함께 사면 95엔, 100명이 사면 90엔으로 가격이 점점 싸진다. 친구나 지인과 함께 사면 이익이 되는 구조인 것이다. 점원이 아니라 손님이 다른 손님을 불러들이는 새로운 '사람 중심 전자상거래'다. 이 공동구매 시스템은 일본에서도 2010년 전후로 유행했는데, 중국에서는 5년 뒤에 대유행했다. 지방 도시나 농촌에서 인터넷 사용자가 늘어나는 트렌드와 핀둬둬의 등장 시기가 마침 잘 맞아떨어졌기 때문이다.

서취 전자상거래는 2018년에 유행한 최신 트렌드다. 서취란 한 부지 안에 여러 대형 주택이 들어선, 주택 단지와 비슷한 거주 지역을 말한다. 이 서취마다 파트너가 한 명씩 있어, 그 파트너가 이웃들에게 인터넷 쇼핑으로 구매한 물건을 중개 및 알선하는 시스템이 서취 전자상거래다. 파트너는 매출의 일부를 수익금으로 받는다. 구매자 입장에서는 가까운 이웃이 중개인이 되어주기 때문에 비교적 안심하고 구매할 수 있다. 질 나쁜 물건을 계속 판매하면 매출이 이어지지 않을 테니 스스로 조심할 테고, 같은 서취에 살기 때문에 도망칠 염려도 없다.

라이브 커머스, 공동구매, 서취 전자상거래는 전부 '사람 중심 전자상거래'의 발전형이다. 이 세 가지 새로운 형태는 전부 사람의 중요성이 더 크고 판매자의 얼굴을 확실히 보여준다. 재밌는 점은 이세 가지 새로운 서비스가 대도시보다 지방 도시나 도시 근교의 사용자들에게 퍼지고 있다는 것이다.

타오바오는 전자상거래가 낯선 사용자도 사용하기 쉽다고 말했는데, 동영상을 보며 마음에 든 상품을 구매하거나 지인과 이웃이 권하는 물건을 사는 식의 새로운 서비스는 장벽이 더 낮아, 그간에 인터넷 쇼핑을 이용할 마음이 없었던 사람들에게도 퍼지게 되었다.

슈퍼앱의 파괴력

이러한 전자상거래의 폭발적인 확대를 뒷받침해 주는 혁신은 신 4대 발명 중 세 번째인 모바일 결제라고 할 수 있다. 모바일 결제의 두 강자로는 알리바바 그룹의 알리페이즈푸바오, 支付宝와 IT 대기업 텐센트의 위챗페이웨이신즈푸, 微信支付가 있는데, 두 기업의 시장 점유율을 합하면 92%에 달한다.

텐센트의 앱 '위챗WeChat'은 2011년에 공개된 스마트폰용 메신저 앱으로, 현재 공개된 최신 통계에 따르면 같은 회사의 메신저 프로그램 'QQ'의 월간 실사용자 수(MAU)가 7억 8천만 명, 위챗은 10억 8천만 명이라는 엄청난 수를 자랑한다.

이 위챗에는 위챗페이라고 불리는 결제 기능이 있다. 최근에는 일본에 여행자를 상대하는 매장이 늘어 일본에서도 위챗페이 마크를 볼 수 있는 기회가 많아졌다. 위챗페이를 이용하면 매장에서 지불할 수 있을뿐 아니라, 다양한 인터넷 서비스도 결제할 수 있다.

조금 전에 언급한 알리페이도 처음에는 전자상거래용 결제 시스템이었지만, 지금은 매장에서 지불할 때도 사용할 수 있게 되었다. 일본의 리서치 회사 아이리서치에 따르면, 스마트폰을 이용해 매장에서 결제하는 모바일 결제 거래액은 2018년에 170조 8천억 위안약 2경 9876조 원에 달했다. 알리바바 그룹과 텐센트 두 기업이 거대한 자금 흐름을 파악하고 있는 것이다.

현금에는 익명성이 있다. 어느 지폐가 어떤 경로로 유통되었는지, 어떤 상품의 대가로 사용되었는지는 현금 그 자체에 기록이 남지 않는다. 하지만 모바일 결제라면 누가 지급하고 누가 수령했는지는 물론, 결제 시각과 위치 정보 등 많은 데이터가 기록된다. 또한 그렇게 디지털화된 데이터를 분석하기도 쉽다. 구글Google · 아마존Amazon · 페이스북Facebook · 애플Apple 등 이른바 'GAFA'라고 불리는 미국의 거대 IT기업은 검색·SNS·전자상거래·앱 등의 서비스를 통해 이용자의 정보를 수집하고 있다. 이는 프라이버시 위기로 이어진다고 알려져 있는데, 알리바바 그룹과 텐센트가 보유한 정보, 즉 언제 어디서 무엇에 돈을 썼는지에 대한 정보는 GAFA가 취득한 정보를 훨씬 뛰어넘는 중요성을 가진다. 왜냐하면 돈의 흐름은 경제 활동과 관련된 모든 정보를 포함하기 때문이다. 즉, 중국의 거대 IT기업은 그렇게 중요한 정보를 거의 이 두 기업만으로 독점하고 있다.

또한 양사의 앱은 '슈퍼앱'으로 불리며 다양한 서비스의 중추가 되고 있다. 그중에서도 위챗이 '미니 프로그램샤오청쉬, 小程序'이라는 기능이 있어 영향력이 크다. 미니 프로그램은 앱상에서 다른 간단한 앱을 동작시키는 기능으로, 위챗만 설치하면 많은 (미니)앱을 설치하지 않아도 사용할 수 있게 한다. 아이리서치에 따르면 2019년 1월 시점에서 위챗에는 120만 종류의 미니 프로그램이 있다고 한다. 극단적으로 말하면 사용하고 싶은 서비스를 위챗에서 바로 찾아낼 수 있다. 또한 앱 설치나 회원 등록을 하지 않아도 이용할 수 있고, 각종 온·오프라인 서비스의 결제까지 가능하다.

알리페이도 미니 프로그램이 있지만 위챗만큼 쓰기 편하지는 않다. 중국의 인터넷 이용자 대부분이 위챗과 알리페이 두 가지를 설치했어도, 메신저 앱의 특성상 위챗을 이용하는 시간이 압도적으로 길고 뭔가 필요하면 위챗을 하는 이용 습관이 배어 있기 때문이다.

어쨌든 이 앱들은 이용자에게 대단히 편리한 것이지만, 동시에 방대한 개인정보를 제공하는 경로가 되기도 한다. 조금 전 모바일 결제를 통해 기업이 경제 활동의 모든 것을 파악하고 있다고 말했는데, 중국의 거대 IT기업은 슈퍼앱을 통해 이용자가 누구와 교우 관계를 맺고 어느 정도의 빈도로 대화하는지 등의 커뮤니케이션 정보, 그리고 미니 프로그램을 통해 유저가 어떤 서비스를 어떻게 이용하고 있는지 등 세세한 정보까지 파악하고 있다.

긱 이코노미를 둘러싼 찬반양론

지금까지는 민간 거대 IT기업이 전자상거래망(알리바바), 메신저 앱과 스마트폰 경제권(텐센트)을 통해 소비 및 경제 관련 정보부터 커뮤니케이션 정보, 그리고 서비스 이용 상황까지 독점하고 있는 중국 사회의 현상을 살폈다.

그러나 이 두 기업이 중국 사회를 바꾼 점은 그뿐만이 아니다. 언제 어디서 어떤 노동을 해서 얼마만큼의 수입을 얻었는지 등의 노동 관련 데이터도 거대 기업의 손으로 흘러 들어가게 되었다. 그 전환기가 된 계기는 5~6년 전부터 등장한 긱 이코노미gig economy다. 긱 이코노미란 평소에는 각자 활동하는 뮤지션들이 필요할 때만 함께 모여 긱 세션으로 연주하듯이, 정해진 업무가 아니라, 아주 짧은 기간 동안, 1건당 일정한 보수를 받는 형식으로 고용하는 경제 현상을 말한다.

긱 이코노미는 이미 많은 분야에서 활용되고 있다. 일반 시민이 자가용을 이용한 택시 영업, 소위 승차공유ride share 서비스를 제공하는 미국의 우버나 리프트 같은 배차 서비스, 레스토랑에서 주문 받은 음식을 배달하는 미국의 우버이츠 같은 배달대행, 전단지 디자인이나 웹사이트 설계 또는 문장 집필 등을 건당 수주하는 크라우드소싱crowdsourcing 등, 긱 이코노미는 형태가 다양하다.

신4대 발명 중 하나인 공유자전거도 긱 이코노미로 생겨난 서비스다. 서비스의 요점은 '노상에 세워놓은 자전거의 자물쇠를 앱으로 풀고 원하는 곳까지 타고 간다'인데, 이용자에게만 맡겨두면 사람들이 점점 자전거를 잘 이용하지 않고 불편한 곳에 방치하기 마련이다. 게다가 제대로 세워놓지 않으면 보행자에게 방해가 된다. 때문에 공유자전거에는 자전거를 회수해 이동시키는 사람, 똑바로 고쳐 세워놓는 사람의 노동력이 필요하다. 중국에서 길을 걷고 있으면 전동 삼륜차에 자전거를 산더미처럼 싣고 이동하는 긱 노동자의 모습을 종종 볼 수 있다.

이러한 긱 이코노미에는 찬반양론이 있다. 찬성 쪽 의견은, 한 회사에만 소속되면 위험하지만 수입원이 여러 개면 위험을 분산할 수 있고, 또 다양한 분야에서 자신의 능력을 키우며 연결 기회를 늘릴 수 있다는 것이다. 다이앤 멀케이Diane Mulcahy가 쓴《긱 이코노미 *The Gig Economy*》의 일본어판에는 '인생 100년 시대를 행복하게 사는 최강의 노동 방식'이라는 부제가 붙어 있다. 수명은 늘어나는데 AI의 발전 등으로 사회가 격변하는 시대에서 종신고용은 위험이 크지만, 긱 이코노미로는 더 나은 인생을 보낼 수 있다는 매우 긍정적인 생각을 엿볼 수 있다.

한편 부정적인 의견은 노동자가 대체되기 쉽기 때문에 저임금으로 불안정한 환경에 놓이고, 가정을 꾸리고 아이 교육을 시킬 만한 수준의 수입은 얻을 수 없으며, 현행 법률이 포괄하지 않는 노동 방식이기 때문에 노동자의 권리를 보호받을 수 없다는 것이다.

일본 잡지 《현대사상》은 2018년 11월호 특집 '다동多動의 시대―노동시간 단축, 라이프 핵, 긱 이코노미'에서 많은 논자들의 주장을 실었는데, 〈쓸모없는 직업의 부상―데이빗 그래버의 인터뷰〉, 〈워킹맘의 '장시간 노동'―'일, 라이프, 과로사?'〉 등의 기사와 기고문 제목에서도 짐작할 수 있듯이 거의 대부분이 긱 이코노미에 부정적이었다.

중국의 긱 이코노미

그렇다면 중국은 긱 이코노미를 어떻게 보고 있을까? 중국에서는 긱 이코노미를 번역할 때 '린궁 경제零工经济', 즉 업무가 대단히 세분화된 경제 모델이라는 번역어를 쓰고 있다. 이 번역어에서 알 수 있듯이 비숙련 노동자의 초단기 노동에 초점을 둔다. 일본에서는 비판하는 측면이지만 중국에서는 그와 매우 다르게 평가한다. 긱 이코노미를 긍정적으로 평가하는 주장이 많다. 그건 왜 그럴까?

이 점을 생각해 보기 전에 **중국**의 긱 이코노미에 대해 구체적으로 살펴보도록 하자.

대표적인 서비스로는 먼저 미국의 우버 같은 배차 서비스 앱을 꼽을 수 있다. 2012년 창업한 디디추싱滴滴出行은 매수합병으로 규모를 키워 지금은 사실 표준de facto standard, 상품이나 규격 따위가 압도적으로 시장을 지배해 사실상의 표준을 이루는 것을 획득한 배차 앱이 되었다. 디디추싱은 소프트뱅크 그룹의 출자를 받아 2018년부터는 일본에도 진출했다.

다만 일본에서는 스마트폰을 통한 택시호출만 서비스하는데, 일본 도로운송법은 승차공유를 불법 택시 영업으로 취급하기 때문이다. 지금은 세계 여러 지역에서 승차공유가 편리한 서비스로 보급되었지만, 일본에는 택시호출 앱은 있어도 승차공유 서비스는 아직 보급되지 않은 상태다.

하지만 사실 중국도 일본 못지않게 택시 규제가 엄격한 나라였다. 택시 인허가가 지방자치단체의 이권利權이기 때문에 인허가권이 1대당 100만 엔약 천만 원 이상의 금액으로 매매되었다. 규제로 택시 대수가 수요보다 적은 탓에 택시 운전은 배부른 장사로 불리는 데다가 고객 대응 서비스는 전무해서, 중국의 택시라고 하면 악명 높은 존재였다. 반면 승차공유 플랫폼에서는 이용객이 운전자를 평가하는 시스템이라 평가가 낮으면 일거리가 줄어들까 봐 운전자는 서비스를 중시한다. 게다가 공급 대수도 늘어나니 혼잡할 때도 택시를 잡기 쉬워졌다.

운전자 입장에서도 본업은 따로 두고 쉬는 시간에 차를 이용해 부수입을 얻을 수 있기 때문에 승차공유 서비스는 장점이 큰 취업 형태다. 각자 다양한 사정이 있는데, 예를 들면 IT기업에서 일하는 아들 내외에게 아이가 태어나서 그 부모가 멀리 있는 아들 집에 가서 머물 때, 어머니는 아기를 돌보지만 아버지는 할 일이 없어 승차공유 서비스를 하기도 한다. 혹은 경영하는 회사가 문을 닫는 바람에 당분간 승차공유로 생활비를 버는 경우도 있다. 비교적 바로 일거리를 찾을 수 있고 업무 시간을 스스로 정할 수 있는 등 자유로워, 일하는 사람에게도 장점이 많은 듯하다.

승차공유에 이어 중국에서 유행하는 긱 이코노미로는 도시 내 배송을 들 수 있는데, 가장 큰 업종으로 배달대행 '와이마이外卖'가 있다. 일반 배달은 점포가 전문 배달원을 고용하지만, 배달대행은 제3자 기업이 점포에서 음식을 받아 고객에게 배달한다. 현재 메이퇀뎬핑美团点评, 어러머饿了么가 양대 기업으로 꼽힌다. 식사 시간대에 거리를 걸으면 노란색 유니폼을 입은 메이퇀의 배달원, 파란색 유니폼을 입은 어러머 배달원이 바쁘게 달려가는 모습을 자주 볼 수 있다. 이 배송 업무는 다양한 형태로 확대되고 있는데, 예를 들어 어러머는 감기약 등의 배송 요청도 받고 있다. 또한 배달원이 신선식품을 배달해 주는 허마셴성盒马鲜生도 인기를 끌고 있다. 점포에서 구매할 때와 똑같은 요금으로 최단 30분 이내에 식재료를 배달해 주기 때문이다.

이렇게 실제 점포와 온라인 상점을 융합한 새로운 형태의 소매

업은 허마셴성 이에도 속속 등장하고 있디. 커피 체인검 리킨 기피 luckin Coffee, 瑞幸咖啡는 배송에 중점을 둔 사업을 펼치며 급성장했다. 또한 JD닷컴 계열의 물류기업 JD물류가 투자한 다다达达는 일반 사용자에게서 짐을 맡아 같은 도시 안의 다른 장소로 운반해 주는, 퀵서비스 같은 서비스를 제공하고 있다. 쇼핑이나 외식을 하고 물건을 배달하고 소소한 바깥일을 대행하는 도시 내 배송 서비스로 인해 온갖 다양한 양상이 나타난다.

흥미로운 점은 배달원이 받는 급여가 높다는 것이다. 베이징시나 선전시 등 대도시에서는 월 8천~1만 위안은 벌 수 있다는 광고로 직원을 모집하고 있다. 배달원 일은 꽤 힘든 일이기 때문에 상당히 열심히 하지 않으면 금액을 달성할 수 없고 배달에 사용되는 전동 자전거는 배달원이 직접 마련해야 하지만, 학력이나 전문 기술이 필요 없어 비숙련 노동자로서는 여태까지 받을 수 없었던 높은 보수를 받을 수 있다.

대졸자 급여가 5천 위안 정도고, 최저임금으로 일하는 공장노동자는 잔업수당이나 사회보험을 포함해 월 4천 위안 남짓 받는다고 하면, 배달원의 급여 수준을 대략 짐작할 수 있을 것이다. 긱 이코노미로 인해 새로운 서비스가 많이 등장하고 배달원의 수요가 급증해 임금이 올라가고 있다.

노동 방식까지 지배하는 거대 IT기업

앞서 비숙련 노동자의 초단기 노동인 긱 이코노미가 선진국에서는 강한 비판을 받고 있다고 말했다. 중국에서도 노동 조건이 가혹하고, 무리하게 일하는 배달원의 교통사고가 빈발하는 문제가 일어나지만, 긱 이코노미에 대한 비판은 그다지 심하지 않다. 그 배경으로는 첫째, 그 일이 돈을 벌 수 있기 때문이다. 원래 중국은 대졸자인 화이트칼라층과 비숙련 노동자의 급여에 큰 차이가 있었다. 긱 이코노미의 붐은 화이트칼라층에게 부업 기회를 주면서도, 동시에 비숙련 노동자에게 새로운 일의 선택지를 주고 수입을 올릴 수 있는 효과를 가져다줬다.

둘째, 원래부터 중국에는 긱 이코노미와 같은 방식으로 일하는 노동자가 많았다는 점을 들 수 있다. 공무원이나 국영기업의 직원을 제외하면, 중국은 이직이 많고 노동유연성이 높은 점이 특징이다. '세계의 공장'인 중국을 지탱해 온 외지 노동자는 매년 구정 휴가가 끝나면 기존 직장으로 돌아갈지 어떨지 모르는 존재다. 휴가에 고향으로 돌아가면 각지에서 일하는 동료들과 서로 정보를 교환하고 조건이 가장 좋은 곳으로 가는 노동 방식은 중국의 외지 노동자에겐 흔한 일이었다.

더 일반적으로는, 긱 이코노미 그 자체의 생활을 하고 있던 사람들도 적지 않았다. 고정적인 직업 없이 레스토랑 주문 배달, 포장마차나 노점 영업, 심부름센터 등 다양한 형태의 일을 하던 사람들이다. 그들은 '무직업 유랑민'이라고 불리며 일설에는 중국에 2억 명이 있다고도 한다.

그들은 입소문 등의 정보를 바탕으로 어떤 일을 할지 정했는데, 모바일 인터넷 시대가 되면서 일을 구하는 방법이 입소문에서 이른바 일자리 매칭, 즉 인터넷상 플랫폼을 이용하는 방식으로 변했다. 일의 내용 그 자체는 변화가 없지만 일을 수주하는 법이 크게 달라진 것이다.

예를 들면 휘라라货拉拉라는 도시 내 트럭 배송 플랫폼 기업이 있다. 중국에는 트럭 한 대만 가진 영세 이사업체, 운송업체가 많이 있었다. 예전에는 그러한 운송업자들의 전단지가 주택 단지의 공용 통로에 줄줄이 붙은 모습이 자주 보였다. 그 전단지는 '도시의 여드름' 등 달갑지 않은 이름으로 불렸지만, 지금은 일감의 발주와 수주를 스마트폰으로 하기 때문에 꽤 줄었다. 마찬가지로 개인 사업자인 장거리 화물트럭 기사들의 플랫폼인 '만방 그룹만방지퇀, 滿帮集团'도 등록된 운전사가 500만 명이 넘는 등 빠르게 성장하고 있다.

다시 말해, 모바일 인터넷을 통해 새로운 직업이 생겨났다기보다 지금까지 있었던 일이 더욱 효율적인 방식으로, 더욱 고수입으로 변했다는 표현이 더 사실에 가까울 것이다. 그렇지만 여기서도 역시 개인 데이터 수집 문제가 발생한다. 격식에 얽매이지 않는 방식으로 일하던 사람들의 노동 실태, 누가 언제 어디서 무슨 일을 했는지 등 그 모든 것이 데이터로 모이게 되었으니까 당연하다.

프라이버시와 편리성

지금까지 전자상거래, 슈퍼앱을 중심으로 한 앱, 긱 이코노미 등 지금까지 중국 사회를 바꿔온 새로운 서비스를 소개했다. 전부 중국 사회의 편리성을 크게 향상시킨 서비스지만, 한편으로는 방대한 개인정보가 기업으로 흘러들어 가는 점을 알 수 있다. 그렇다면 중국 사람들은 정말로 이를 문제라고 느끼지 않는 걸까?

"중국인은 프라이버시에 둔감하니까 개인정보가 누출되는 일에 무관심하다"라는 의견은 편견에서 나온 오해다. 중국인도 우리와 마찬가지로 프라이버시가 가치 없다고 생각하지는 않는다.

예를 하나 들어본다. 2017년에는 IT기업 치후360奇虎360이 운영하는 '수이디즈보水滴直播' 플랫폼이 폐쇄되었다. 수이디즈보는 자신이 설치한 감시카메라 영상을 멀리 떨어진 곳에서 간편하게 열람할 수 있는 서비스로, 주로 떨어져 사는 부모에게 별일이 없는지 자식이 점검하거나, 아이의 학교 교실 분위기가 어떤지 보호자가 점검하거나, 사무실이나 점포 상황을 경영자가 감시할 때 이용하는 경우가 많았다. 하지만 이용자가 접근 권한을 적절히 설정하지 않는 경우가 많아, 중국 각지의 학교·주택·사무실 풍경을 손쉽게 엿볼 수 있는 문제가 있었다. 치후360은 여론의 비판을 받자 수이디즈보 플랫폼을 폐쇄하기로 결정했다.

또 취재한 어느 업계 관계자가 익명을 조건으로 알려준 이야기에 따르면, 어느 고급 외식점 체인이 안면인증 시스템 도입을 검토했지만 결국에는 보류했다고 한다. 음식점에 들어올 때 얼굴을 인증해 출입한 이력을 기록하고, "저번에 주문하신 요리는 이것인데 또 주문하시겠습니까?" 하고 점원이 권한다거나, "좀 덜 맵게 해달라는 주문이 있었다"라는 기록을 확인하는 등 더 나은 고객 서비스가 가능하겠다는 계산이 있었지만, 고급 음식점은 비즈니스 회의나 비밀스러운 모임을 열 때 이용하는 경우가 많기 때문에 안면인증 시스템을 도입하면 고객의 반발이 심하겠다고 판단해 보류한 것이다.

"프라이버시를 지키고 싶은가, 지키고 싶지 않은가?" 이렇게 물으면 모든 중국인이 "지키고 싶다"라고 대답할 것이다. 그런데도 자신의 모든 행동이 기록되는 스마트폰 앱을 비롯해 디지털 경제를 도입하는 데에 적극적인 이유는 왜일까? 그 이유를 단적으로 보여주는 말이 있다.

"중국 소비자는 프라이버시가 보호된다는 전제하에서, 기업이 개인정보를 이용하도록 허락하는 대신 편리한 서비스를 얻는 데 적극적이다."

중국 최대 검색엔진 기업인 바이두百度의 창업자 리옌훙李彦宏이 2018년 3월에 개최된 중국발전고위급포럼에서 강연하며 한 말이다. 개인정보를 제공하면 편리한 서비스를 다양하게 이용할 수 있다는 뜻이다. 생각해 보면 우리도 구글이나 페이스북에 많은 정보를 제공해서 우수한 서비스를 누리지만, 중국에서는 더 많은 정보를 건네서 더 많은 편리성을 얻는 식으로, 더 적극적인 거래가 이뤄지고 있다.

정보 제공은 단순히 기업이 편리한 서비스를 제공하는 데에만 필요한 조건이 아니다. 기업은 요금뿐만 아니라 데이터라는 또 하나의 '보수'를 얻기 때문에 서비스를 싼 가격으로 제공할 수 있다. 만약 데이터 수집을 엄격하게 제한해 버리면, 그와 동시에 서비스를 이용하기 어려워질 뿐 아니라 요금 상승으로도 이어진다. 프라이버시와 싸고 편리함, 그 둘의 균형을 어떻게 잡을지에 대한 판단이 우리에게 요구되고 있다.

왜 데이터를 기꺼이 제공할까

또한 기업에 데이터를 제공하는 일 자체가 이용자에게 이익이 되는 서비스도 늘고 있다. 알리바바 그룹이 제공하는 신용점수인 즈마신용은 이용자의 금융 능력을 점수로 평가한다. 이때 이용자가 제공하는 정보가 많으면 많을수록 정보의 신뢰성이 높아지고 신용점수도 오른다. 예를 들어 보유한 주택이나 자동차의 증명서를 제공하면 그만큼 점수가 올라간다. 점수가 오르면 여러 편리한 서비스를 이용할 수 있을 뿐 아니라 융자나 분할 납부의 한도액이 상승한다. 데이터를 제공하면 그만큼 많은 이익을 얻을 수 있는 것이다.

공유자전거 등의 서비스를 이용한 이력도 기업에 제공하면 이익을 얻을 수 있는 경우가 있다. 자전거를 빌려서 정해진 시간 내에 반납하고 교통에 방해가 되지 않도록 세워두었다는 기록이 남으면,

그 기록이 나중에 이용자의 신용을 평가하는 이력이 된다. 일본에서는 DVD를 빌려서 기한 내에 반납했다고 해서 특별히 이득을 보는 일은 없지만, 중국에서는 빌려서 돌려주었다는 이력을 기업에 제공해서 자신이 우수 이용자라고 증명할 수 있다. 여러 서비스를 위챗의 미니 프로그램을 통해 이용하면 그만큼 많은 이력을 일원화할 수 있게 된다. 티끌 모아 태산이 되는 건 아니지만, 하루하루의 이력이 자신의 신용을 증명하게 된 것이다.

데이터의 제공은 소비자뿐만 아니라 앞에서 말한 긱 이코노미에도 큰 도움이 된다. 기존의 비공식적 노동 방식으로는 일을 해도 정말로 일을 했는지, 또는 얼마나 보수를 받았는지 증명하기 어렵지만, 긱 이코노미 체계에서 노동자는 그것을 이력에 남겨서 자신의 능력과 신용을 나타낼 수 있다. 이 점에서 선진적으로 대응하는 곳이 트럭판 우버인 '만방 그룹'으로, 트럭 운전사와 화물주를 연결해주는 기업이다. 중국에서는 화물 운전사의 대부분이 자영업자다. 지금까지 그들은 어떤 일을 받을지를 거래소를 직접 돌아다니며 정했는데, 만방 그룹의 서비스를 이용하면 스마트폰으로 정할 수 있다. 그 대신 어떤 운전사가 어떤 일거리를 맡았는지, 기한에 맞춰 배송했는지 등의 정보를 전부 기업이 파악할 수 있다.

만방 그룹은 파악한 정보를 바탕으로 운전사의 신용을 평가하고 융자 서비스를 실시하고 있다. 화물 수송은 성과급이지만, 운전사는 연료비와 고속도로 요금을 미리 지불해야 한다. 현금을 충분히 가지고 있으면 괜찮지만, 언제나 자금에 여유가 있지는 않다. 그럴 때, 일을 제대로 하고 있다는 신용을 담보로 자금을 빌릴 수 있는 서비스가 필요하다. 일반 은행은 트럭 운전사의 업무 정보를 갖고 있지 않기 때문에 그러한 대출은 할 수 없지만, 만방 그룹은 운전사에 대한 정보를 잘 알고 있기 때문에 정확하게 판단해 융자 서비스를 할 수 있다.

정보를 제공해 주는 대신 편리성을 얻는 일은 지금까지 우리도 일상적으로 해왔다. 구글이나 페이스북 등 대부분의 IT 서비스는 우리로부터 돈이 아닌 데이터를 대가로 얻기 때문에 서비스를 무료로 제공한다. 하지만 새로운 시대의 데이터 이코노미는 장래성이 있다. 즈마신용이나 만방 그룹의 사례에서는 기업에게 정보를 제공하는 일, 그 자체가 이용자에게 편익을 가져다준다. 지금까지는 프라이버시를 지키는 일에만 주목해 왔지만, 프라이버시를 제공하는 일이 이익으로 이어지는 서비스는 앞으로 늘어날 것이다.

또한 현재 중국에서는 이러한 움직임이 민간기업의 경제 활동뿐만 아니라 국영기업과 정부의 행정 분야에까지 미치고 있다. 새로운 기술과 서비스하에서 중국인들은 편리함의 대가로, 또는 편리함을 바라고 알아서 먼저 넘기는 형태로 정보를 기업이나 정부에 제공한다. 이렇게 데이터 경제가 발전한 정보사회는 감시사회와 종이 한 장 차이, 아니 어떤 의미에서는 감시사회 그 자체라고 말할 수 있을 것이다.

특히 앞으로는 AI기술로 인해 데이터 활용 범위가 크게 확대된다는 예측이 나오고 있다. 활용 범위의 확대는 효율을 올리기도 하지만, 특정 민족이니 인종 성별을 저평가하는 등의 왜곡된 편향 역시 AI에 편입될 가능성이 있다. 그뿐 아니라, AI의 판단이 블랙박스화되어 있기 때문에 편견이 담겼는지 파악할 수 없다는 점, 외모 등 개개인의 콤플렉스와 관련된 부분 등을 콕 찍어 광고할 수 있기 때문에 의도치 않은 소비로 이어진다는 점, 누군가가 범죄를 저지를 가능성이 예견된다고 하더라도 그 판단의 올바름이 입증되지 않은 채 조사를 반복적으로 받게 하는 등 부적절한 대우로 이어진다는 점 등 다양한 문제가 지적되고 있다.

이러한 문제에 중국은 어떻게 대처하고 있는지, 또는 그러한 문제를 보고도 못 본 체하고 있는지, 다음 장에서는 그 최전선의 상황과 구조에 대해 파고들어 보겠다.

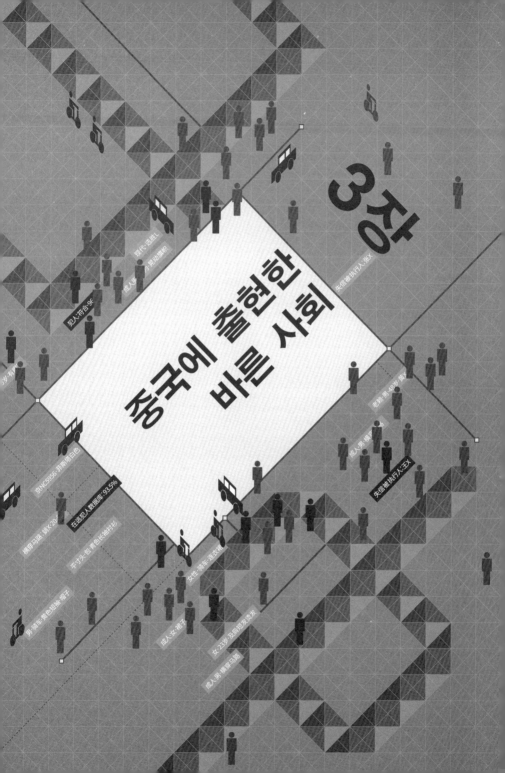

서둘러 진행되는 행정의 전자화

"증명서만 있으면 온 세상을 다닐 수 있다. 없으면 한 발짝도 움직일 수 없다."

2009년 중국의 인터넷상에서 화제가 된 게시글 '중국인은 평생 얼마만큼의 증명서가 필요할까?' 중의 한 구절이다.

아이가 태어나기 전 먼저 출산허가증, 초혼·초육증, 혼인검사증婚檢证이 필요하고, 태어나면 바로 출생증, 계획생육증, 독생자녀부모 광영증独生子女父母光荣证, 한자녀 부모 영예 증서을 취득하는 등, 인생의 시작부터 온갖 증명서가 필요하다. 게시글에 따르면 평생 필요한 증명서를 열거하면 80개에 달한다고 한다.

우스개 삼아 올라온 글이기는 하지만, 뭔가를 하려고 하면 여기저기 정부 부서를 돌아다니며 날인이나 증명서를 받아야 하는 고생담은 중국 서민들에게는 흔한 일이다.

이러한 상황이 지금 정보기술 때문에 변하고 있다. 통신기기 제조업체인 화웨이Huawei, 华为가 위치한 중국 광둥성 선전시 룽강구는 전자정부화의 선두를 달리는 지역이다. 2018년 10월에 개최된 화웨이 발표회인 '화웨이 커넥트 2018'에서는 룽강구의 전자정부 시스템이 전시되었다.

그중 하나가 공적금(주택적립금) 시스템이다. 공적금을 신청하려면 예전에는 경찰에서 호적증명, 은행에서 개인신용보고, 직장에서 수입증명, 민정국에서 혼인상황증명, 국토국에서 가정주택증명을 취득해야 했다. 관청을 찾아가는 데에도 순서가 정해져 있기 때문에 경로와 일정을 효율적으로 잡을 수가 없어 시간이 걸리는 경우도 많았다고 한다.

그런데 지금은 스마트폰 앱만 있으면 전부 해결할 수 있게 되었다. 본인 증명도 스마트폰으로 직접 사진을 찍기만 하면 된다. 안면 인식 기술 덕분이다. 그 결과 예전에는 며칠이 걸리던 공적금 신청 작업이 불과 몇 분으로 단축되었다. 관료주의의 대표적인 폐해인 칸막이 행정을 제도 개혁이 아닌 전자화로 극복하는 해결책이 '현대 중국'다운 방식이다.

칸막이 행정 문제는 중앙기관 사이뿐만 아니라 지방과 지방 사이에도 일어나고 있다. 구마다 행정조직 시스템이나 데이터베이스가 다르기 때문이다. 2019년 4월, 리커창李克强 총리는 "'내 어머니는 내 어머니' 문제를 해결하라"라는 지시를 내렸다. 같은 달 초에 신화통신이 보도한 뉴스에 따르면, 베이징시의 진 씨가 해외여행을 떠날 때 어머니를 긴급 연락 대상으로 지정했는데, 자신의 호적은 베이징시이고 어머니의 호적은 장시성으로 되어 있는 바람에 친자관계를 증명할 수 없어 곤란했던 일이 그 배경이었다. 중국 정부의 융통성 없는 처리가 여론을 떠들썩하게 해, 결국 총리가 해결책을 찾도록 지시하는 사태에까지 이른 것이다. 이에 다른 지역에서도 증명서를 발급받아 확인할 수 있도록 지역 간의 데이터베이스를 연계하는 전자화로 해결하려고 하고 있다.

그 밖에도 전자신분증, 전자면허증 등 각종 증명서를 스마트폰으

로 휴대할 수 있게 하거나, 텐센트의 메신저 앱인 위챗을 경유해 각
종 수속이나 정보를 조회할 수 있게 하는 등, 중국 행정의 전자화는
급속도로 발전하고 있다. 편리해지는 점은 분명하지만, 한편으로는
행정을 주로 서류로 처리했던 시대와는 달리 정부가 국민의 일거
수일투족을 전자 정보로 세세하게 파악할 수 있게 된다는 점에서
는 주의가 필요하다.

질과 양 모두 진화하는 감시카메라

사람들의 일거수일투족을 파악할 때 빼놓을 수 없는 게 감시카메
라다. 2017년 12월, 영국의 BBC는 중국의 감시카메라 시스템을 방
송에서 다뤘다. 2017년 말 시점에서 중국 전국에 1억 7천만 대의
감시카메라가 설치되었고, 2020년까지 4억 대가 더 추가될 예정이
라는 보도였다.

최근 중국 대도시를 방문한 적이 있다면 역 같은 공공시설과 신
호기 주변, 상가 출입구 등 곳곳에 여러 감시카메라가 무질서하게
설치되어 통행하는 사람들을 바라보는 모습을 보고 깜짝 놀란 사
람도 많을 듯하다. 물론 일본 거리에도 방범카메라가 많이 설치됐
지만, 일본은 사람들에게 위압감을 주지 않도록 가능한 한 눈에 띄
지 않는 형태로 설치하는 식을 선호하는 반면, 중국은 오히려 보란
듯이 '여기 감시카메라가 있다'고 과시하는 식으로 설치하는 경우

가 많은 것 같다.

한편 카메라 수량이 늘어갈 뿐만 아니라 화면상의 정보를 인식하는 기술도 급속히 진화하고 있다. 지금 소개할 내용은 AI를 이용해 개체를 인식하는 기술을 개발하고 있는 하이테크 기업 메그비Megvii, 旷视科技를 필자가 2018년 9월에 방문했을 때의 일이다. 메그비는 하이테크 기업이 모인 베이징시 하이뎬구에 2011년 설립된 이후 급성장한 유니콘 기업(평가액 10억 달러 이상인 설립 10년 이내의 비상장 벤처 기업)이다.

이 회사의 강점은 인증, 보안, 미래형 리테일, 스마트폰 잠금 해제 등 네 가지 분야에서 화상인증 기술을 적극적으로 사회에 적용해 가는 능력이다. 사원 평균 연령이 26세로 대단히 젊고, 칭화대학과 베이징대학 등 명문대 졸업생이 매우 많은 우수 기업이다.

메그비를 방문하면 사무실에 설치된 감시카메라가 방문자의 모습을 다양한 각도에서 파악해 대형 모니터에 크게 비춘다. 개인을 특정화하지는 않지만, '짧은 머리'의 '남성'이 '배낭'을 메고 '파란색 긴소매 셔츠'를 입고 있다는 등 몇 가지 특성을 사진에서 추출한다. 방대한 익명 데이터를 특징대로 몇 가지 카테고리로 분류하는 '세그먼트화segment化'를 AI 화상인식 시스템이 실행하는 것이다. 한편 빌딩 입구에 설치된 감시카메라는 지나다니는 많은 사람들을 24시간 촬영해 가능한 한 많은 데이터를 모아 세그먼트화의 정밀도를 높이고 있다.

일본에서도 쉽게 볼 수 있는 AI 화상인식 기술은 카메라에 찍힌 인물이 어떤 사람인지 신원을 확인(고정화)하기 위한 기술이다. 카메라가 잡은 인물이 남성인지 여성인지 그 속성을 재빨리 판정하고 범죄자나 지명수배자라면 리스트와 대조해서 체포할 수도 있다. 즉, 동일한 AI 화상인식이라고 해도 '익명성을 전제로 한 세그먼트화'와 '실명성에 근거한 식별화'라는 다른 방향이 존재하는 것이다.

AI 감시 시스템에서 또 하나 중요한 기술은 동작 인식, 즉 사람들의 행동을 AI가 인식해 그 특징을 기억하는 일과 관련한 기술이다. 예를 들어 무인 편의점 등에서 사람이 그 안에서 어떻게 움직이는지를 패턴화해서 그 데이터를 보존하는 과정이 동작 인식이다. 30대 남성이 맥주를 산 후 어떤 안주를 사는지 등을 전부 데이터로 축적해 가는 것이다.

또는 걸음을 걸을 때의 버릇을 기록해 자료로 수집해 두었다가, 어두워서 감시카메라에 찍힌 얼굴이 잘 보이지 않을 때도 인물을 특정화해서 범죄자를 구속하는 일도 동작 인식으로 가능하다. 실제로 메그비의 화상인식 기술은 7장에서 다루게 될 신장 위구르 자치구의 보안 시스템에도 사용된다. 예를 들어 광장에서 독립을 표현하는 깃발을 흔드는 사람이 있으면 감시카메라가 '깃발을 흔든다'라는 움직임을 인식하고 곧바로 근처 경찰에게 통보하는 시스템이 실제로 쓰이고 있다.

통치기술의 눈부신 성과

현재 이러한 AI 감시카메라는 적어도 2천만 대 이상 존재한다. 시진핑 정권의 업적을 소개하는 CCTV^{중국의 국영방송} 특별 프로그램 〈휘황중국輝煌中国〉 제5화 '안전의 공유'에서는 "중국은 이미 2천만 대 이상의 AI 카메라로 이뤄진 세계 최대의 감시카메라망을 구축했다. '중국천망中国天网'이란 거대 프로젝트는 시민을 지키는 눈이다"라고 방송하고 있다.

'중국천망', 즉 톈왕天网, 천망공정은 도시에 AI화·네트워크화된 감시카메라망을 구축하는 프로젝트를 말한다. 2015년부터는 현県, 진鎮, 촌村 등 시골에도 똑같은 AI 감시카메라망을 구축하는 쉐량雪亮, 설량공정도 시작되었다. 톈왕공정의 2천만 대와 쉐량공정과 민간기업이 독자적으로 설치한 카메라를 합하면 2천만 대를 훨씬 넘는 감시카메라가 안면인식, 화상인식 등 동영상을 판단하는 능력을 가진 것으로 변화하고 있는 셈이다.

감시카메라망 프로젝트가 성공한 사례 중 하나가 2017년에 선전시 룽강구에서 벌어진 유괴 사건이다. 룽강구의 감시카메라망은 화웨이가 구축했다. 사건이 발생한 후 경찰은 유괴된 아이의 특징을 AI 감시카메라망에 입력해 바로 아이와 유괴범이 있는 곳을 바로 알아냈다. 그 결과 아이는 유괴된 지 24시간도 채 되지 않아 부모 곁으로 돌아올 수 있었다.

일본에도 감시카메라는 있지만, 그 운용 상황은 중국과 전혀 다르다. 예를 들면 2019년 6월, 오사카 스이타시의 파출소에서 경찰이 습격당한 사건이 있었다. 경찰은 감시카메라 영상을 기반으로 용의자의 행방을 쫓았지만, 카메라가 네트워크화·AI화되지 않은 탓에 영상을 입수하고 분석하기 위해 여기저기 뛰어다녀야 했다. 결국 사건 발생 이후 약 24시간 만에 신속하게 용의자를 체포해 해결하기는 했지만, 경찰이 들인 노력은 중국 선전시 유괴 사건과 비교하면 큰 차이가 났다. 경찰이 습격당하는 큰 사건이었으니 많은 인력이 투입되었겠지만, 모든 사건에 그 정도의 수사가 이뤄지기는 어렵다.

선전시 유괴사건은 중국인이 왜 감시카메라를 용인하고 있는지를 보여주는 상징적인 사건이다. 중국에서 유괴는 아주 일상적으로 벌어지는 위협이다. 2011년에는 608명이 연루된 인신매매 조직이 적발되어 178명의 아이들이 구출되는 사건이 있었다. 인터넷에는 페이지가 삭제되면 '404 Not Found'라는 페이지가 대신 보이는데, 중국에서는 대부분의 기업이 그곳에 유괴된 아이의 수색 정보를 표시하고 있다. 말하자면 사회 전체가 유괴된 아이 찾기에 협력하고 있는 셈이다. 아이들의 등하교 시에 어른이 따라가는 일은 상식으로 "일본은 아이를 혼자서 등교시켜도 괜찮나요?" 하고 놀라서 물을 정도다.

또한 과속 단속카메라 같은 교통법규 위반 감시카메라도 많이 설치되어, 지금 중국은 카메라로 많은 교통법규 위반을 단속하고 있다. 카메라가 많은 대도시에서는 매너가 좋아지고 교통법규 위반이 줄어드는 상황을 화실히 실감힐 수 있나.

유괴범이 즉시 붙잡히는 등 치안이 좋아지고 교통 위반이 줄어드는 등 장점도 있지만, 이러한 통치기술의 발전과 함께 중국 사회는 어떻게 변화하게 될까? 일단 말할 수 있는 변화는 특히 대도시를 중심으로 '바른 사회'로 변하고 있다는 점이다.

한때 중국 사회가 가진 일반적인 이미지는 대단히 공격적이고 혼란스러운 에너지가 넘치는 사회(나쁘게 말하면 규칙이 있어도 지키지 않고 제 맘대로 해석해 행동하는 사회)였는데, 현재는 그러한 이미지와는 달라지고 있다.

예전에 중국에 가본 사람이 지금 대도시를 방문하면 그 변화를 여실히 느낄 수 있을 것이다. 예를 들어 《인민일보》는 2017년에 중국은 인구 10만 명당 살인 건수가 0.81건밖에 없어 살인 발생 건수가 가장 낮은 국가 중 하나가 되었다고 보도했다. 또한 폭행죄 건수는 2012년부터 51.8%가 감소하고, 중대한 교통사고 발생률은 43.8%가 감소했다. 사회 치안에 대한 사람들의 만족도는 2012년 87.55%에서 2017년 95.55%로 상승했다고 한다.[8]

《인민일보》는 말할 것도 없이 중국공산당의 기관지이기 때문에 그 기사는 정부 선전 활동의 일종이기는 하지만, 그렇다고 꼭 거짓은 아니라고 생각한다. 살인이나 폭력적인 범죄가 크게 줄고, 곳곳에 감시카메라가 설치되어 남이 잃어버린 물건을 슬쩍 가져가지 못해 귀중품을 잃어버려도 찾을 수 있게 되었다는 이야기를 중국 거주 일본인들에게서 자주 듣게 되었다.

감시카메라와 홍콩 시위

  이러한 중국 사회의 감시카메라 설치에 거부 반응을 분명하게 보이고 있는 쪽은 중국 본토 사람들보다 오히려 홍콩 사람들인지도 모른다.

  2019년 6월 9일, 용의자를 재판하기 위해 중국 본토로 인도할 수 있게 하는 범죄인 인도법逃犯條例 개정안을 홍콩의 행정장관 캐리 람 Carrie Lam이 의회에 제출하자, 이를 강하게 반대하는 시민과 학생 약 100만 명이 시위를 일으켰다. 같은 달 12일에는 시위대 중 일부와 경찰 사이에 격렬한 충돌이 발생하고 경찰이 최루탄과 고무탄을 이용해 무력으로 진압하자, 16일에는 200만 명 가까운 시민들이 강하게 반발하며 홍콩 중심부를 가득 메웠다.

  이에 캐리 람 행정장관은 범죄인 인도법 처리를 무기한 연장하고 법안은 사실상 폐기안으로 하겠다는 의견을 제시했다. 그러나 이를 받아들이지 않은 청년들이 입법회홍콩의 의회에 난입하는 등 반대운동을 계속했고, 그 후로도 현재(2019년 7월 13일)까지 불안정한 상황이 이어지고 있다.

  이러한 일련의 시위에서 눈길을 끈 점은 참가자, 특히 젊은이들의 차림새였다. 너도나도 검은색 셔츠에 마스크, 고글, 헬멧 등을 착용해 얼굴을 가린 채 참가한 모습이 눈에 띄었다. 또한 집회에 참여할 때는 스마트폰의 위치추적 기능을 끄거나 SNS 메시지를 하나하나 삭제하고, 지하철을 탈 때도 기록이 남는 선불카드가 아닌 현금으로 표를 사는 등 '기록이 남는' 기술을 군이 사용하지 않는 '디지털 단절' 행동이 눈에 띄었다.

이와 같은 현상은 최루탄으로부터 몸을 보호하고 집회 참여 행위가 당국에 파악되는 일을 경계하는 동시에, 중국 본토 못지않은 안면인식 등의 AI기술을 갖춘 감시카메라 시스템이 언젠가는 홍콩에도 도입되어 행동의 자유를 빼앗길지도 모른다는 데에 대한 젊은이들의 반발심이 표출된 것이라는 지적도 나오고 있다.

사회신용시스템이란 무엇인가

이러한 통치기술의 연장선상에 있으면서 그 중심 역할을 담당하는 요소가 있다면 바로 '사회신용시스템'일 것이다. 2014년 공포한 사회신용시스템 건설계획 강요(2014~2020)에는 2020년까지 중국 정부가 전국에 어떠한 제도를 도입할지에 대한 그 전체상이 기술되어 있다.

1장에서 언급했듯이, 이 문서는 일본에서도 종종 디스토피아 중국의 상징으로 취급되었지만 정확하게 해설한 기사는 거의 없다. 왜냐하면 사회신용시스템이 적용되는 분야가 매우 다양해서 정확히 이해하기 어렵기 때문이다.

사회신용시스템의 원어는 '사회신용체계社会信用体系'다. 컴퓨터 등에서 사용하는 '시스템'이라는 말을 중국어로 옮길 때는 '체계'라는 다른 용어를 쓴다. '사회신용체계'에서 말하는 '체계'란 전체적인 구조를 의미하는 말로, 사회신용시스템이란 하나의 프로그램이 아니라 연관된 몇 가지 프로그램의 총체라는 의미를 가진다. 사회신용시스템이라는 말이 정착되었기 때문에 이 책에서도 그렇게 번역해 쓰고 있지만, 본래는 사회신용체계 혹은 사회신용체제라는 말로 번역하는 편이 적절할 것이다.

게다가 사회신용시스템이 주목받게 된 시점은 아주 최근이지만, 그 구축 작업은 훨씬 오래전부터 계속되어 왔다. 예를 들면 정부가 처음으로 이 시스템을 공적으로 언급한 때는 2003년이다. 중국이 한 걸음 한 걸음 발전해 온 과정을 이해하지 못하면 현 상황을 이해할 수 없다.

또 한 가지 이해하기 어렵게 만드는 점은 '신용'이라는 말이 가진 다의성이다. 신용이라는 말은 일본어에서도 중국어에서도 크게 세 가지 의미가 있다. '특정한 누군가나 무언가를 신뢰하는 것', 즉 일대일 관계의 신용, '사회로부터 인정받는다'라는 의미의 신용, 그리고 신용대출 등 금융에서 사용되는 신용 등 3종이다. 중국의 사회신용시스템은 이 세 가지 의미를 전부 별개의 프로그램으로 대응하고 있다.

기존의 보도는 사회신용시스템의 다의성에는 거의 주목하지 않았다. '권력 대 시민'이라는 구조로 받아들이려고 했기 때문이겠지만, 현 상황의 사회신용시스템은 '비즈니스 상대를 신용할 수 있을까?', '악질적인 행위를 한 인간을 주변에 알려 경고한다', '금융을 이용할 수 있는 사람을 늘린다' 능, 비즈니스의 원활화에 중점을 두고 있다.

이 책에서는 내용적으로도 시간적으로도 방대한 사회신용시스템의 전부를 소개할 수는 없기 때문에 기능 면에서 '금융', '징계', '도덕'이라는 세 가지 큰 역할에 주목해서 설명하기로 하겠다.

대처가 빨랐던 금융 분야

먼저 '금융' 분야는 사회신용시스템 중에서도 가장 빨리 사회적 과제에 대응한 분야다. 경제성장을 위해서 기업이나 소비자가 현찰에 더해 신용공여信用供與를 받아, 즉 자금을 대출받아 지출을 확대해야 했기 때문이다.

융자를 위해 필요한 구조가 신용평가다. 어느 개인에게 돈을 빌려주었을 때, 빚을 갚지 않을 확률이 얼마나 되는지 파악할 필요가 있다. 미쓰비시UFJ은행의 《중국경제주보》 제388기에 따르면, 전국 단위의 신용평가기관 구축을 2003년 중국인민은행 신용조사관리국 설립으로 시작해, 그 이듬해에 중국인민은행 개인신용정보 데이터베이스를 운용하기 시작했다. 데이터베이스는 개인의 신용기록(융자나 렌털 서비스의 이용 이력)을 수집하고 금융기관의 융자 심사에 제공하는 자료가 된다. 다만 여기서 중국 정부는 큰 과제에 직면했다. 융자 이용 이력 등이 전혀 없는 사람이 대부분이기 때문에 서비스를 광범위하게 제공할 수 없다는 문제였다.

　이러한 상황에 숨구멍을 틔우기 위해 등장한 게 민간기업이 제공하는 '신용점수'였다. 신용점수란 신용평가 수단의 일종이다. 대표적인 서비스로는 미국의 '파이코 스코어FICO Score'가 있다. 통상적인 여신 심사에서는 융자할 때마다 신용정보를 확인하고 판단하지만, 신용점수는 사전에 돈을 빌리는 사람의 변제 능력을 점수 형태로 평가해 놓는다.

　신용점수는 일본에서는 그다지 일반적이지 않기 때문에 자신의 신용이 점수화되는 점이 싫어서 반감을 품는 사람도 있지만 합리적인 측면도 많다. 특히 필자(다카구치)와 같은 자유 기고가, 즉 프리랜서에게는 고마운 시스템이다. 프리랜서는 일반 샐러리맨보다 신용이 낮아 연 수입이 꽤 많아도 신용카드 심사에서 떨어진다는 말이 있다. 일본의 신용평가에서는 신청하기 전까지는 심사를 통과할 수 있을지가 불확실한 데다, 심사에 떨어지면 불허가 이력이 남아 자신의 금융 신용에 흠집이 남는다. 그에 비하면 처음부터 신청이 통과할지 어떨지 점수로 일목요연하게 볼 수 있는 신용점수 쪽은 마음이 놓인다.

　선진국에서는 개인신용정보 데이터베이스를 대부분 복수의 민간기업이 운용한다. 중국도 선진국의 사례를 본받아 2015년에 민간기업 8개사에 설립 준비를 허가했다. 그중에 하나가 IT 대기업 알리바바 그룹으로, 알리바바 그룹이 선보인 독특한 신용점수 서비스가 앞에서 언급한 즈마신용이다.

미국의 신용점수 중 하나로 '파이코 스코어 XD'가 있다. 신용카드가 없는 사람에게도 점수를 부여할 목적으로 만들어진 점수로 휴대폰 요금이나 공공요금 납부 이력 등을 바탕으로 신용을 평가하는 시스템이다.

즈마신용은 파이코 스코어 XD를 본보기로 해서 만들어진 신용점수다. 인터넷 쇼핑, 모바일 결제, 인터넷상의 인간관계, 보유 자산, 학력 등 신용기록 이외의 데이터를 바탕으로 AI가 점수를 산출하는 시스템이다. 필자가 취재할 때, 즈마신용의 홍보 담당자는 "학생이나 농민 등 지금까지 금융 서비스를 받지 못한 사람에게도 서비스가 적용되길 목표로 한다"고 말했다.

사회적 약자에게 어떤 식으로 신용기록을 만들어줄지는 중국이 아닌 다른 국가들에게도 공통으로 주어진 과제다. 《뉴스위크 일본판》 2019년 4월 23일호 특집 '세계를 바꾼다, 블록체인 기업'에서는 남미나 동남아시아, 동아프리카의 농촌 주민에게 신용기록을 부여하는 일을 목적으로 세워진 스위스의 벤처기업 비트루멘스Bitlumens를 소개하고 있다. 주민은 태양광 발전 시스템을 할부로 구매하고, 전력을 팔아 다달이 변제한다. 월부금을 갚으며 신용기록을 쌓아 은행에서 융자를 받을 수 있는 길을 만드는 것이다. 비트루멘스와 즈마신용은 동일한 사회적 과제를 다른 접근 방식으로 해결책을 찾고 있다.

금융 분야에 대한 정부의 속셈

즈마신용을 포함해 2015년에 설립 준비를 인정받은 8개사는 최종적으로는 개인신용평가기관으로서 정식 인허가를 받지 못해 금융기관용 융자 심사 서비스는 제공할 수 없게 되었다. 8개사 전부 객관적이고 공정한 서비스를 만들지 못했기 때문에 인허가를 내줄 수 없었다는 이유가 정부의 공식 견해다.

그러나 '실제로는 지금까지 중앙은행이 독점해 온 개인신용정보의 관리를 민간에게 양도하고 싶지 않기 때문이 아닐까' 하고 의심하는 사람도 적지 않다. 신용정보의 평가를 민간에 개방하는 일은 사회신용시스템 구축을 계획하는 초기부터 이미 준비되었던 것인데, 중국 정부의 사회주의적인 성격이 지금에 와서 표면으로 드러난 것일까?

필자의 생각에는 그렇다고는 말할 수는 없을 것 같다. 왜냐하면 즈마신용 등의 서비스가 시스템 구축에서 완전히 배제되지는 않았기 때문이다. 2018년에는 설립 준비 인가를 받은 8개사와 중국 인터넷 금융협회가 공동출자해 '바이싱정신百行征信'라는 개인신용정보기관을 설립했다. 신용기록을 활용한 신용평가는 기존 그대로 중앙은행의 개인신용정보 데이터베이스가 담당하고, 그것이 적용되지 않는 층, 즉 융자 이력이 없어 즈마신용이 목표로 하는 층은 바이싱정신이 담당한다. 구체적인 운용 방식은 밝혀지지 않았지만, 각 회사가 수집한 정보를 통합해 평가한다는 계획이다.

인터넷 세계는 네트워크 이부성, 즉 사용자가 많을수록 편리해지는 현상이 나타나기 때문에, 최고의 회사 하나가 독식하기 쉬운 구조다. 검색에서는 구글, SNS에서는 페이스북 등이 그 대표적인 예다. 기업이 여럿 있어도 최종적으로는 경쟁이 이뤄지지 않고 하나의 강자가 태어나기 쉽다. 중국에서도 이용자 정보 수집이라는 면에서 보면 두 강자인 알리바바 그룹과 텐센트가 두드러진다.

정부가 8개사에 인허가를 내주었다고 해도 아마 실제로는 알리바바 그룹의 즈마신용과 텐센트의 텐센트정신腾讯征信의 일대일 승부가 될 것이다. 또는 전자상거래에서는 알리바바가, SNS에서는 텐센트가 패권을 잡았듯이, 개인신용평가 분야에서는 둘 중의 하나가 압도적인 점유율을 차지했을 가능성도 있다. 그러한 사태를 피하기 위해 민간기업 각사의 협업을 촉구하는 합병회사를 설립한 것으로 보인다.

토큰 이코노미와 신용점수

또한 개인정보 심사기관으로서의 인가는 받지 못했지만, 즈마신용을 비롯한 신용점수는 개별 금융 서비스의 판단 자료로 활용될 수 있을 뿐 아니라, 융자 외 분야의 신용심사 등에도 적극적으로 활용되고 있다.

2019년 7월에 장쑤성 쑤저우시, 산둥성 웨이하이시에 취재하러

갔을 때, 즈마신용의 이용자들은 너도나도 "즈마신용 점수는 문제가 없는 인간인지 아닌지를 보여주는 것"이라고 말했다. 모바일 인터넷을 자주 사용하는 도시 중산층이라면 위법행위나 규약 위반을 저지르지 않는 한 6천 점대 후반 이상의 점수를 얻을 수 있고, 공유자전거나 공유배터리의 보증금 무료 등의 우대 서비스 대부분을 누릴 수 있다. 때문에 이용자들은 점수로 차별적인 대우를 받았다고 느낀 적이 없다고 말한다. 규칙을 잘 지키는 사람이라면 필요한 점수를 충분히 얻을 수 있고, 극단적으로 문제가 있는 사람만 배제하는 시스템이란 것이다.

성실하게 사는 것만으로 평가하는 신용 시스템이란 구상은 중국에만 있지 않다. 세계적으로 주목을 끈 시스템이 바로 토큰 이코노미token economy다. 비트코인 등의 암호화폐가 인기를 끈 후, 핵심 기술인 블록체인을 다른 곳에 활용하는 방법이 모색되었다. 그중의 하나가 토큰 이코노미로, 환경을 배려하는 행동을 한 사람이나 자원봉사자에게 토큰(암호화폐)을 배포해 좋은 행동을 유도하는 식의 서비스가 여럿 구상되었다.

즈마신용 등의 신용점수가 토큰 이코노미와 다른 점은 점수가 올랐다가 내렸다가 하는 이유를 잘 알 수 없다는 것이다. 예를 들어 즈마신용은 이용 시 SNS상의 친구 관계나 학력 등도 입력하길 요구하는데, 어느 정도의 중요도로 점수를 계산하는지는 공표하지 않는다. 필자(가지타니)가 2018년 여름에 베이징에 가기 전에는 즈마신용 점수가 577점이었는데, 3주 동안 머물면서 여러 서비스를 이용하는 동안 1점이 올다 578점이 되었다. 그렇지만 왜 올랐는지 그 이유가 확실하지 않다.

이렇게 '잘 알 수 없는 시스템'에 행동을 평가받고, 그 평기가 어떤 형태로 자신에게 이익과 손해를 불러오는 식이다. 이러한 재귀적인 행동평가시스템이 블랙박스가 되면, 사람들은 소위 '자발적 복종'이라고 불리는 행동을 취하게 된다. 즉, 얌전히 따르는 편이 더 많은 혜택을 얻을 수 있기 때문에 다들 자발적으로 따르는 상황이 발생하는 것이다.

신용불량 피집행인 명단에 오르면 어떻게 될까

사회신용시스템을 좀 더 알기 쉽고 분명하게 실시하고 있는 쪽은 두 번째 역할로 소개한 '징계' 분야에서의 사회신용시스템이겠다. 금융 분야 개인정보 수집을 진행하면서 다양한 분야의 문제 기업과 개인의 블랙리스트를 작성하고 공개하게 되었다. 탈세나 규칙 위반 및 환경오염 기업의 블랙리스트, 여행지에서 문제를 일으킨 개인의 블랙리스트 등, 각 관공서에서는 대량의 블랙리스트를 만들고 있다.

예전에는 블랙리스트가 개별적이었지만, 2014년 이후로는 여러 블랙리스트를 연결해 일괄 검색할 수 있는 데이터베이스를 구축하기 시작했다.

그중에서도 특히 중요한 움직임이 '신용코드信用代码'다. 중국의 모든 기업과 개인에게 신용코드를 부여한 것이다. 신용코드는 호적 제도와 연계된 신분증에 이어, 소위 제2의 아이디라고 할 수 있다. '신용중국信用中国'이라는 공식 사이트에서 이 신용코드를 사용해 검색하면 각 기업과 개인의 신용기록을 열람할 수 있다.

'사회신용시스템 건설계획 강요'에는 기재되어 있지 않지만, 징계 기능이라는 면에서 보완적인 역할을 맡는 제도가 '신용불량 피집행인失信被执行人 명단'이다. 일본 언론에서도 중국에서 2천만 명 이상의 사람들(단, 연인원수)이 항공기나 열차 이용을 제한받고 있다는 등 크게 보도했었는데, 바로 이 제도로 징계를 받은 사람들의 이야기다.

신용불량 피집행인 명단에는 어떤 사람이 등록되어 있을까? 최고인민법원 공고 2017년 7호에 따르면 다음과 같이 정해져 있다.

1 이행 능력이 있는데도 유효한 법률 문서로 확정된 의무를 이행하지 않는 자

2 증거 위조, 폭력, 위협 등의 방법으로 집행을 방해하고 거부한 자

3 허위 소송, 허위 중재, 혹은 재산 은닉 및 이전 등으로 법 집행을 회피한 자

4 재산 보고 제도를 위반한 자

5 소비 제한령을 위반한 자

6 정당한 이유 없이 협의의 이행 및 집행을 위반한 자

4번과 5번은 공산당 간부나 국영기업 관계자의 당 규율 위반 행위를 벌하는 항목이고, 나머지 항목들은 일반 국민을 대상으로 한다. 대부분은 재판에서 확정된 배상 등의 의무를 이행하지 않을 때 리스트에 등록된다. 거래처에 대금을 지급하지 않은 기업의 대표자부터, 이혼 재판 후 아이를 전 남편과 매달 만나게 하겠다는 약속을 이행하지 않는 경우까지 다양하다.

2019년 5월 "격투 광인 쉬샤오둥徐曉冬이 신용불량 피집행인 명단에 오르다"라는 뉴스로 중국 언론이 떠들썩했던 적이 있다. 종합 격투기 선수인 쉬샤오둥은 전통 중국 무술의 달인들을 전부 가짜라고 비판했는데, 실제로 시합을 벌여 상대를 때려눕히는 화려한 퍼포먼스로 단번에 유명인이 되었다. 하지만 그는 자신의 인터넷 방송에서 태극권의 달인 천샤오왕陈小旺을 "거짓말쟁이", "개"라고 불렀다는 이유로 명예훼손으로 고소당해 결국 패소했다. 법원은 배상금 지급과 공개 사죄를 명했지만, 쉬샤오둥은 배상금만 지급하고 공개 사죄는 하지 않았다. 그래서 천샤오왕이 판결 불이행을 신고했고, 결국 쉬샤오둥은 신용불량 피집행인 명단에 올랐다. 그는 "고속열차를 탈 수 없어 완행열차로 이동할 수밖에 없다"라고 호소하면서도 공개 사죄는 하고 싶지 않다고 했다.

한편 중국을 대표하는 IT기업 바이두의 창업자인 리옌훙도 2019년 4월 말에 명단에 등록 신청되었다. 작가 천핑陈平이 자신의 저서 일부가 허가 없이 바이두 서비스에 사용되었다고 주장해 재판이 열렸고, 법원은 리옌훙에게 사죄와 함께 배상금 지급을 명했다. 그러나 천핑은 리옌훙이 재판 판결을 제대로 따르지 않았기 때문에 명단에 등록해 달라고 신청했다고 밝혔다. 바이두는 천핑의 주장이 근거가 없다고 반론하고 있지만 이 책을 집필할 때까지 결과가 나오지 않았다.

파리의 수는 두 마리를 넘으면 안 된다

신용불량 피집행인 명단은 흔히 '라오라이老赖'라는 명칭으로 불린다. 중국어에서 라오라이란 '변명으로 발뺌하고 실행하지 않는 사람'이라는 뜻이다. 즉, 신용불량 피집행인 명단은 재판 판결을 성실히 이행하지 않는 사람을 명단화하고 벌을 주는 방법으로 실행을 촉구하는 제도다.

그렇다면 구체적으로 어떤 벌이 주어질까? 2017년에 개정된 '신용불량 피집행인 합동 징계에 대한 협력 각서关于对失信被执行人实施联合惩戒的合作备忘录'에는 55개 항목이 규정되어 있다. 그중에는 비행기와 열차의 일등 침대칸과 선박의 이등 선실 이상은 이용할 수 없고, 1성급 이상의 호텔이나 나이트클럽·골프장에서 소비를 금지하고, 학비가 고액인 사립학교에 자녀를 보내지 못한다는 항목이 있다. 그 밖에도 증권회사 설립 금지, 정부 사이트나 미디어에서 실명 공개, 중국 인민폐를 외국 자본으로 바꿀 때의 심사 엄격화 등, 그 범위가 대단히 넓고 항목도 다양하다.

왜냐하면 이 각서는 중국공산당의 기관, 관청, 중국철로총공사 등 44개 공공기관이 합동으로 발표한 각서로, 공공기관마다 '자신들이 내릴 수 있는 범위 내에서 벌을 주겠다'는 식으로 징계 규정을 정했기 때문이다. 다만 고속철도나 항공권 판매 사이트는 이미 명단의 데이터베이스와 연결되었기 때문에 명단에 오른 사람들의 판매를 막을 수 있지만, 나이트클럽이나 골프장은 아직 연계가 이뤄지지 않아 명단에 등록된 사람도 자유롭게 이용할 수 있는 듯하다. 결국 징벌 규정을 만들어놓기만 했을 뿐 아직 많은 항목은 적용되지 않은 상황이다.

중국은 세계에서 가장 오래된 관료제 국가이자 사회주의 국가인데, 이 두 가지 요소는 관료주의적인 법 규제를 남발하는 큰 요건이라고 할 수 있다. 그 때문에 실현성이 전혀 없는 법률이나 규제가 만들어지는 경우가 더러 있다. 그중에는 너무 어처구니가 없어서 웃음이 나오는 것도 적지 않다. 예를 들어 2012년에는 베이징시가 공중화장실 관리 서비스 기준에 대한 문서를 발표했는데, 그중에 "공중화장실 안에 파리 수가 두 마리를 넘으면 안 된다"라는 항목이 있어 화제가 된 적이 있다. "검사할 때 마침 파리가 날아 들어오면 규칙 위반인가"라며 중국 네티즌들의 웃음거리가 되었지만, 이 무리한 규제는 어떻게든 기준을 만들어야 했던 베이징시 정부 담당자가 항목을 억지로 짜내야 했기 때문일 것이다.

신용불량 피집행인을 대상으로 한 처벌에도 실효성이 없는 항목이 많이 포함되어 있다. 앞으로는 더 다듬어지고 실효성도 높아지겠지만, 현시점에서는 방대한 처벌 규정의 대부분이 실제로 적용되지 않고 있는 상황이다.

이렇게 처벌 규정에 문제가 많지만 그 목적의식은 분명하다. '재판 판결을 준수하지 않는 자의 생활에 불편함을 주겠다'는 것이다. "신용불량자는 한 발짝도 움직일 수 없다失信者寸步難行"라는 말로 표현되는데, 생활의 다방면에서 불편함을 주어 생활하기 어렵게 하는 게 그 목표다.

엄한 처벌이 아니라 약한 처벌

여기서 주목할 만한 포인트는 신용불량 피집행인 명단에 따르는 벌이 어디까지나 '약한 처벌'이라는 점이다. 앞에서 말한 종합격투기 선수 쉬샤오둥의 경우, 고속열차는 탈 수 없지만 불편한 대로 일반 열차로 이동할 수는 있다. 다시 말해 이동 금지와 같은 '엄한 처벌'이 아니라, 이동할 수 있기는 하지만 시간이 걸리고 불편한 형태로 '약한 처벌'을 가하는 것이다.

그보다 더 강력한 처벌로는 강제집행이라는 방법도 있다. 형사처벌할 건이었다면 논의할 필요도 없이 집행할 것이다. 그러나 그렇게까지 엄하게 대처할 필요가 없을 때는 조금 부드러운 처벌로 압력을 주겠다는 발상이 신용불량 피집행인 명단에 담겨 있다.

이 발상은 뒤에서 서술할 '넛지nudge', 즉 바람직한 행동을 강요하지 않고 부드럽게 이끌어내기 위해 세노를 설계하거나 독려하는 것과 비슷한 발상이라고 생각해도 좋다. 중대한 사건이라면 강제집 행을 하면 되지만, 그 대신 사죄하게 하거나 소액의 배상금을 지급 하게 하는 등, 집행에 경제적으로도 시간적으로도 많은 자원을 들 이기 어려울 때 쓰는 방법이다.

이 신용불량 피집행인 제도를 알게 되었을 때, 니시무라 히로유 키西村博之의 에피소드가 떠올랐다. 히로유키는 인터넷 게시판 '2채 널2ch'의 창립자로, 인터넷 게시판에 올리는 글을 삭제한 일로 여러 차례 고소를 당했다. 그렇지만 패소해 손해배상 명령을 받아도 배 상금을 절대로 지급하지 않겠다고 공언하고 있다.

이러한 경우 채권자가 강제집행을 신청할 수는 있지만 압류할 재 산은 채권자가 직접 찾아야 한다. 여기에는 많은 노력이 필요할 뿐 아니라, 혹시 재산을 찾아내지 못하거나 당사자에게 재산이 없다면 강제집행이 불가능하다.

다시 말해, 재판에서 이긴다 해도 재판으로 끝나지 않는 경우가 많은 것이다. 중국의 상황은 일본보다 더 심각해, 돈 지급을 둘러싸 고 납치나 감금 같은 사건이 자주 발생하고 있다. 많은 시간과 노력 을 들여 재판에 이겨도 돈을 받을 수 있을지 알 수 없기 때문에, 실 력 행사를 통해 신병을 확보하고 돈을 받을 때까지 감금하려고 하 기 때문이다.

근대 사회니까 법을 지키자, 재판으로 옳고 그름을 가리자, 그렇 게 말해도 실효성 있는 시스템이 없으면 사람들은 따르지 않는다.

중국 공공기관들이 신용불량 피집행인 명단을 작성하고 공개하는
데는 이러한 배경이 있다.

이름뿐인 디스토피아?

사회신용시스템의 세 번째 기능은 '도덕'이다. 부모에 효도하기,
약속 지키기, 공공장소에서 소란 피우지 않기 등, 다양한 면에서 도
덕을 지키게 하는 '온정주의paternalism'를 어떻게 실현할지가 과제가
되고 있다.

사회신용시스템을 시작할 때는 TV나 라디오, 대자보와 같은 전
통적인 매체를 이용한 계몽 활동으로 출발했다. 그 밖에도 변호사
나 회계사, 교사, 의사, 연구자 등 전문가들을 대상으로 한 직업윤
리 연수도 교육 활동의 일환이다. 앞서 말한 '사회신용시스템 건설
계획 강요'에는 "신용 준수 행위의 표창과 선전을 강화한다. 규정을
지키는 성실한 기업과 모범인을 표창하고 뉴스 매체를 통해 널리
알려서 신용 준수가 훌륭한 일이라는 여론을 조성한다"라고 밝히
고 있다.

이러한 계몽 활동이 얼마나 효과를 보일지는 알 수 없다. 다만 금
융 분야의 사회신용시스템은 충분히 사용할 수 있는 제도가 완성
되어 있고, 징계 분야에서는 충분하지는 않지만 신용코드를 통한
데이터베이스 접속이나 신용불량 피집행인 명단이라는 제도가 이

미 실행되고 있다. 결국 남은 가장 큰 과제는 '도덕' 분야다.

그래서 주목받는 방법은 지방자치단체에 의한 신용점수 부여다. 개인의 도덕을 점수로 나타내고 점수를 올리면 혜택을 받도록 해, 주민이 스스로 선한 행동을 하며 도덕적인 사람이 되도록 하게 한다는 발상이다. 이에 세계의 언론들은 '중국 정부는 일반 시민의 도덕 수준까지 점수화하려는 것인가?' 하고 놀라며 주목했다.

2016년 12월, 중국 국무원 판공청은 '개인성신시스템 건설에 대한 지도 의견个人诚信体系建设的指导意见'을 통지했다. "성신诚信, 성실과 신용이라는 전통 미덕을 고취하고 사회 구성원의 성신의식을 높이기 위해, 개인성신시스템을 확립해 성신은 칭찬하고 신용불량을 징계함으로써, 사회 전체의 신용도를 높이고 우수한 신용환경을 만들어내는" 것을 목적으로 한 통지다.

대부분 기존 통지와 중복되는 내용이지만 주목할 만한 문구가 보인다. "개인의 공공신용정보에 근거한 분류 관리와 성신점수诚信积分 관리 메커니즘을 구축할 방안을 모색한다. 여건을 갖춘 지역과 업계는 개인의 공공신용정보와 금융신용정보에 기반한 데이터베이스를 서로 공유해, 개인신용조사기관에 서비스를 제공해야 한다"라는 짧은 문장이다.

성신점수 관리 메커니즘, 즉 이는 지방자치단체나 업계 단체에 개인 대상 신용점수를 정비하도록 촉구한 첫 공문서였다. 즈마신용은 어디까지나 개인의 변제능력을 점수로 평가할 뿐이었지만, 여기에 더해 지방정부가 개인의 '도덕'을 점수화한다는, 마치 디스토피아 소설 같은 시스템을 중국 정부가 갖출 가능성을 처음으로 내보인 것이다.

주민을 대상으로 지방자치단체가 도덕적 신용점수를 도입한 예로는 선구적인 사례가 있다. 장쑤성 쉬저우시 쑤이닝현은 2010년에 '대중신용 관리를 위한 시험 조치大众信用管理试行办法'를 시행하고 14세 이상의 모든 시민을 대상으로 점수 평가 서비스를 도입했다.

- 은행 융자 연체 기록이 없으면 플러스 50점
- 연체 1회에 마이너스 30점, 2회 이상이면 마이너스 50점
- 납세 기록이 있으면 플러스 50점, 탈세 기록이 있으면 마이너스 50점
- 사회보험을 성실히 납부하면 35점, 고의로 불납하면 마이너스 20점
- 사회질서를 파괴한 기록이 없으면 플러스 50점, 정부기관이나 기업을 포위한 기록이 있으면 마이너스 50점
- 사이비 종교 활동에 참여한 기록이 없으면 플러스 50점, 있으면 마이너스 50점
- 가정 폭력이나 노인 부양 의무 방기를 하지 않았으면 플러스 50점, 했으면 마이너스 50점

그 밖에도 방대한 체크 항목이 있다. 만점, 즉 위반이 전혀 없으면 1000점이다. 970점 이상은 A급, 850점 이상은 B급, 600점 이상은 C급, 그 이하는 D급으로 구분된다. A급 시민은 입학, 고용, 생활 보호, 사회보장, 공산당 입당, 승진, 군 입대, 사업에 대한 정책 지원

등에서 우대 조치를 받을 수 있다. 하지만 점수가 낮으면 이러한 항목에 대한 자격이 취소되거나 심사가 엄격해지는 등 점수 평가뿐만 아니라 상벌도 규정되어 있다.

그야말로 디스토피아라고 할 수 있는데 상당히 조잡한 디스토피아기도 하다. 먼저 제도의 법적 근거가 전혀 없다. 때문에 2010년 당시, 중국 여론은 쑤이닝현을 강하게 비판했다. 국민들은 물론《인민일보》등 정부 쪽 언론까지 비난하는 바람에 결국 일부 규정은 철회되었다.

법적 근거 못지않게 허술했던 부분은 운용이었다. 시스템을 원활하게 운용하기 위해서는 각 관공서의 데이터를 연계해야 한다. 또한 사회생활의 여러 면에서 시민의 신용점수를 확인하는 체제를 구축해야 한다. 그런데 그러한 실무는 운용되지 않아서, 이른바 '이름뿐인 디스토피아'로 끝나버렸다. 현지 주민을 취재한 중국 보도에 따르면, 운용은 거의 되지 않았으며 주민 대부분은 신용점수 제도가 있다는 사실조차 몰랐다고 한다.

도덕적 신용점수의 실태

이렇게 지방정부에 의한 주민 신용점수는 당시에는 대실패로 끝났지만, 2017년부터 새롭게 여러 도시에서 채용하고 도입하기로 발표되었다. 중국 경제지《차이신財新》2019년 4월 1일호 특집에 실린 〈전국 각지에 퍼진 사회신용점수, 어느 곳이 남용하고 누가 피해를 보는가?〉에 따르면, 약 20개 도시가 도입했다고 확인된다. 수도 베이징시도 2020년까지 도입하겠다고 밝혔다.

각 도시의 도덕적 사회신용점수는 각각 그 내용이 전혀 다르다. 2017년에는 '제1차 사회신용체계 구축 시범도시 명단'이 발표되고 12개 도시가 선정되었다. 현재 이들 도시 중 많은 곳에서 도덕적 신용점수를 운용하기 시작했다.

그중에서 가장 발전했다고 평가받는 곳은 산둥성 웨이하이시 룽청시다. 그곳은 현급시라고 불리는 곳으로 현縣, 시보다 한 단계 아래의 행정구으로 취급받는 시를 말하는데, 시급시인 웨이하이시 소속이다. 산둥반도 서쪽 끝에 위치한 지방 도시로, 자동차 부품 제조나 조선·관광업 등의 산업이 발달했고, 2018년에는 '전국 종합경쟁력 100대 도시'에 선정된 경제력 있는 지역이다.

필자(다카구치)는 2019년 7월에 룽청시를 방문한 적이 있다. 넓은 도로가 인상적인 곳으로, 차선 추월이나 노상 주차를 하는 차가 전혀 없었다. 안내 가이드에 따르면, "교통법규 위반은 감시카메라로 바로 적발됩니다. 속도위반을 하면 다음 교차로에서 경찰이 기다리기 때문에 위반 행위는 거의 없습니다"라고 한다. 또 안내를 받아서 해안가에 가보니 하얗고 깨끗한 모래사장이 펼쳐져 있었다. 쓰레기로 오염되지 않도록 불을 사용하는 포장마차와 바비큐가 금지된 게 큰 이유라고 한다. 해안가도 역시 위반 행위는 감시카메라로 바로 적발된다.

룽청시의 신용점수는 기준점이 1000점으로, 위반하면 감점되고 선행을 하면 가산점을 받는다. 1000점은 B급 정도인데 위반으로 신용점수가 내려가면 C급으로 떨어진다. 그렇게 되면 난방 보조금이나 교통비 보조금 등 각종 보조금 신청을 못 하게 되는 제한을 받는다. 반대로 고득점자가 되면, 융자를 받기 쉬워지고 금리가 내려가는 등의 혜택을 받는다. 도덕적 신용점수가 높은 주민에게는 지금까지 누계 1억 5천만 위안약 262억 원이 융자되었다고 한다. 또한 개인뿐만이 아니라 기업을 대상으로 한 신용점수도 있어 AAA급 최고 평가를 받은 기업 16개사는 2억 2천만 위안약 384억 원의 융자를 받았다.

이러한 말을 들으면 숨이 막힐 것 같기도 하지만, 한편으로 '시민을 위한' 서비스가 매우 충실하다. 바닷가에서는 샤워실이나 사물함 이용료가 무료다. 시내 곳곳의 주차장 역시 무료다. 버스는 전부 GPS로 위치를 알 수 있기 때문에 버스 정류장에는 다음 버스가 도착하는 정확한 시간이 화면에 표시된다. 가장 훌륭한 서비스는 시민서비스센터다. 앞서 말했듯이 중국에서는 증명서를 취득하려면 여기저기 돌아다녀야 하기 때문에 서민들의 불만이 심한데, 룽청시에서는 시민서비스센터에 모든 중앙관청의 지방 출장소가 집중되어 모든 수속을 한 번에 끝낼 수 있다. 전자정부화에 따라 각 관청 간의 연계도 긴밀하다.

게다가 룽청시의 공무원은 민원인을 대하는 태도가 좋다. 가이드는 "태도가 좋지 않으면 바로 시민들에게 통보되고 공무원의 신용

이력에 흠집이 나게 됩니다"라고 말했다. 즉, 룽청시는 공공 서비스가 충실하고 행정 절차도 편하지만, 반면에 숨이 막힐 것 같은 감시사회이기도 하다. 철저한 전자정부화로 시민의 편리성을 향상하는 점과, 왠지 숨 막힐 듯한 감시사회라는 점이 하나가 되어 존재한다.

그렇다면 주민들은 룽청시 정부의 대처를 어떻게 받아들이고 있을까? 취재해 보니, 신용에 대한 정책에 힘을 쏟고 있다는 점은 알고 있었지만, 도덕적 신용점수는 한 명을 제외하고는 아무도 알지 못했다. 현시점의 점수를 확인했더니, 전부 1000점이었다. 모두들 감점도 가산점도 받지 않은 상태였던 것이다. 점수에 대해 설명하고 다시 의견을 물어보니, "뭐, 편리해지니까 좋은 거 아닌가요?", "나쁜 짓을 안 하면 특별히 문제될 건 없으니까요", "자칫 잘못해서 신용점수가 깎이는 건 좀 걱정입니다. 그래서 겨울에는 눈 치우기 자원봉사에 참가해서 점수를 올려요"라는 등 나쁜 평가는 없었다. 편리하면 된다, 평범하게 살아가는 자신과는 관계없는 일이라는 대답이었다.

룽청시가 사회신용시스템, 도덕적 신용점수를 강력하게 추진하는 데는 그 지역만의 이유가 있어 보인다. 룽청시는 신농촌 건설이라고 불리는 농촌 개조 사업을 진행하고 있다. 시 근교에 있는 오래된 농촌 주택을 아파트로 다시 지어, 지금까지 낡아 허물어져 가는 집에 살던 농민을 17층짜리 아파트로 이사하게 하는 사업이다. 시내 곳곳에는 그러한 아파트가 눈에 많이 띈다. 중국에서는 곡물 생산량을 유지하기 위해 경지 면적 기준을 정부가 정해놓고 있어서 농지에 원하는 대로 아파트를 지을 수 없다. 그래서 낡은 농촌 주택을 아파트로 정리해 새로운 토지를 만들고, 그 면적만큼 공업 단지나 아파트로 만드는 도시 개발이 진행되고 있다.

이때, 농민들의 생활이 문제가 된다. 지금까지는 마당에서 닭이나 돼지를 키우는 등 한가롭게 생활하던 사람들이 안면인증 출입구를 갖춘 고층 아파트로 이사해서 생활이 급격히 변하기 때문이다. 그래서 룽청시의 도덕적 신용점수에는 그러한 농민들을 유도하려는 항목을 많이 포함한다.

- 길에서 곡물을 말리면 마이너스 5점
- 지전(紙錢, 죽은 이를 애도하기 위해 태우는 돈 모양 종이)이나 광고지를 뿌리면 마이너스 5점
- 성묘 때 지전을 태우거나 폭죽을 터뜨리면 마이너스 20점
- 새로 마련한 무덤의 면적과 깊이가 기준을 넘으면 마이너스 100점
- 지나치게 화려한 결혼식은 마이너스 10점
- 룽청시를 건너뛰고 상급 지자체에 진정서를 내면 마이너스 10점

이렇게 농촌의 관습과 도시의 규칙이 충돌하는 항목을 여럿 요구한다. 계몽·선전 등의 설교도, 경찰에 의한 감시도 아닌, 도덕적 신용점수라는 것을 통해 농민들이 새로운 생활 규칙을 배우도록 유도하는 것이다.

현시점에서는 장점이 제로

한편 룽청시를 찾은 그 시기에 장쑤성 쑤저우시도 방문했는데, 쑤저우시는 '계수나무꽃 점수桂花分'라는 도덕적 신용점수를 주고 있었다. 룽청시와 마찬가지로 취재했을 때 그 내용을 아는 주민은 없었고 점수도 기본 점수인 100점 그대로였다.

쑤저우시 공공신용정보서비스홀의 직원에게 들은 이야기로는, '계수나무꽃 점수'는 작년에 시작되었는데 거의 제 기능을 못 하고 있는 실정이라고 한다. 현시점에서 감점 항목이 사실상 없는데, 이미 교통법규 위반 등은 벌금과 위반 딱지라는 벌칙이 있어서 한 가지 죄를 이중 처벌할 수 없다는 법 원칙에 반하기 때문에 신용점수를 깎을 수 없기 때문이다. 가산점을 받는 경우에는 도덕 모범 표창이나 자원봉사, 헌혈 등의 항목이 있는데, 표창을 받는 사람은 극소수다. 자원봉사도 극히 일부 지정된 프로젝트에 한하기 때문에 대상자가 거의 없다. 결국 가산점은 거의 헌혈로 주어진다고 한다. 첫 헌혈은 플러스 6점, 그 뒤로 몇 회마다 1점씩 붙는 식이라고 한다. "현시점에서는 거의 헌혈 기록이나 마찬가지입니다"라고 직원도 쓴웃음을 지으며 말했다. 2018년 9월《쑤저우일보苏州日报》의 보도에 따르면, 쑤저우시의 신용점수에서는 전 주민의 12.5%만 가산점을 받는 상황이었다. 쑤저우시에서는 그 시점에 감점 항목이 없이 가산점 항목만 있었다. 바꿔 말하면, 87.5%의 주민은 기본 점수에서 변동이 전혀 없었다는 것이다.

게다가 혜택에도 매력이 전혀 없다. 도서관의 대출 기한이 늘어나거나 버스 요금이 싸지는 혜택이 있지만, 시민이라면 누구나 발행받을 수 있는 시민카드로도 동일한 혜택을 받을 수 있다. 결국 현시점에서 신용점수를 높이게 할 만한 이득은 전혀 없는 셈이다.

도덕적 신용점수를 도입한 다른 도시의 경우, 현실적으로 의미 있게 실행되는 도시는 룽청시 정도인 것 같다. 세계가 주목하며 떠들고 있는 지방정부의 점수 매기기, 도덕적 신용점수는 현시점에서는 그저 '이름뿐인 디스토피아'일 뿐이다.

다만, 언제까지 이름뿐인 디스토피아일지는 미지수다. 쑤저우시 공공신용정보서비스홀의 직원에 따르면, 기업 대상 신용정보가 되는 신용점수는 이미 실질적으로 운영된다고 한다. 환경 기준이나 위생 기준을 지켰는지, 성실히 납세하는지 등의 정보를 종합해 기업을 평가하는 시스템이 실행되고 있다고 한다. 지금까지 은행 융자는 매출이나 이익 및 사업계획을 바탕으로 판단됐는데, 그에 더해 시 정부가 제공하는 다양한 신용정보를 판단 근거로 해서 신용을 지키는 기업이 쉽게 융자를 받게 하겠다고 선전하고 있다.

기업에 맞는 시스템 구축이 일단락되고 나면, 개인에게도 집중하는 식으로 전개하리라고 생각할 수 있다. 쑤이닝현의 실패가 보여주듯이, 개인과 관련된 신용정보를 종합해서 도덕적 행동을 유도할 만한 인센티브를 설계하기란 쉽지 않다. 때문에 그러한 점을 살피면 도덕적 사회신용점수가 보급될지는 의문이다. 하지만 한편으로 통치자에게는 매력적으로 비치는 것도 사실인 것 같다. 그 좋은 예로 2019년 3월 저장성 인력자원사회보장청의 거핑안葛平安 부청장의 발언을 들 수 있다.

기업 관계자들의 좌담회에서 어느 기업 관계자가 종업원을 구하기가 너무 어려운 데다 고용한다 해도 바로 나가버린다며 고충을 호소한 적이 있다. 그러자 거핑안 부청장은 "이직 문제는 앞으로 대책이 마련될 것이다. 저장성은 머지않아 인력자원사회보장청의 정보 시스템 건설을 추진하고, 기업과 개인 양쪽에 신용 시스템을 구축한다. 어느 한 개인이 빈번하게 이직을 반복하면 그 사람의 신용은 문제가 될 것이다"라고 답했다. 이직이라는 노동자의 권리 행사도 신용에 영향을 주게 한다는 점은 비판받았지만, 통치자에게는 시민을 의도하는 쪽으로 유도할 수 있다는 점에서 도덕적 사회신용점수가 매력적인 선택지로 비칠 것이다.

통치기술과 감시사회를 둘러싼 논의

지금까지 행정의 전자화, 감시카메라의 진화, 사회신용시스템 구축 등 중국의 통치기술의 진전과 그 실태를 살폈다. 그렇다면 우리는 기술을 통해 관리사회와 감시사회가 도래하는 지금의 상황을 어떻게 받아들이면 좋을까? 일본을 포함한 서양 여러 국가들에서 논의되는 내용을 바탕으로 생각해 보자.

정보사회론 전문가 다바타 아케오田畑曉生에 따르면,《아사히신문》의 데이터베이스에 '감시사회'라는 말은 1987년에 일본에 처음 등장했고, 빈번히 쓰이게 된 시점은 도청법으로 알려진 통신방수법通信傍受法, 통신자의 동의 없는 감청을 조직범죄 수사 목적에 한해서 허용한 법과 주민기본대장 네트워크가 문제가 된 90년대 후반부터였다고 한다.

특히 '개인정보보호법'이 성립된 2003년 전후에는 인터넷 인프라가 정비되면서, 개인정보가 전자화되고 정부에 의해 일원적으로 관리되는 일이 시민의 상호 불신을 초래한다는 경계의 목소리가 높아졌다.

이러한 상황에서 2002년부터 2003년까지 《중앙공론》 잡지에 연재되며 화제를 불러일으킨 글이 비평가 아즈마 히로키東浩紀의 〈정보자유론〉이다. 아즈마는 위르겐 하버마스 등이 옹호하려고 한 '시민적 공공성'이라는 개념이 고도소비사회 속에서 그 현실적 기반을 잃어가고 있는 현상을 지켜보며, 미셸 푸코가 했던 근대사회 비판의 성과 등을 바탕으로 꽤 일찍부터 독자적인 현대사회론을 전개해 왔다.

〈정보자유론〉에서 아즈마는 시민들이 자본이나 국가처럼 늘 쾌적한 생활공간을 제공하는 '환경관리형 권력'에 의해 길들여진 결과, '하버마스 등이 생각한 자립적으로 의사 결정을 하고 공공성을 책임지는 시민들은 이제 어디에도 없는 게 아닌가' 하고 문제를 제기하고 있다.

하버마스의 공공성 논의는 5장에서 자세히 소개하겠지만, 아즈마의 문제 제기가 중요한 이유는 '시민적 공공성'에 위협이 되는 '감시사회'가 '더 안전하고 쾌적한 사회에서 살고 싶다'는 시민들의 욕망에서 생겨났다는 점을 속이지 않고 제대로 주장했다는 점이다. 다만 〈정보자유론〉은 시민들 자신에 의한 감시사회화라는 심각한 사태에 대한 근본적인 해결책은 제시하지 않고, 그저 '네트워크에 접속되지 않을 권리', '익명으로 공공 공간에 접근할 권리' 등 몇몇 아이디어를 보여주는 데 그쳤다.

그 후 일본에서는 2013년의 특정비밀보호법, 그리고 2017년의 '테러 등 준비죄(공모죄)' 법안이 성립되면서 언론 기사 데이터베이스에 '감시사회'라는 말이 등장하는 횟수도 급증했다. 특히 2017년 제193회 일본 국회를 통과한 '테러 등 준비죄 법안'은 정치적 활동에 참여하는 사람들을 아직 저지르지도 않은 범죄를 이유로 단속할 수 있는 법이기 때문에, 전쟁 전의 치안유지법이 떠오른다는 비판의 목소리가 거세졌다.

하지만 전체적으로는, 일본에서는 정권 비판에 맞춰 '국가권력에 대한 시민 감시'의 강화에 대한 비판이나 반대운동이 일시적으로 높아지기는 해도 '관리사회', '감시사회화'라는 움직임 전반을 경계하는 목소리가 사회 안으로 널리 퍼지는 경우는 거의 없었다고 말할 수 있다. 이는 단적으로는 거리나 점포 등에 설치된 감시카메라가 범죄를 억제하고 적발하는 데 효과적이라는 인식이 퍼져 있기 때문인지도 모른다. 그러나 그보다 더 본질적으로는 '감시사회'가 시민 자신들의 욕망에서 생겨났다는, 아즈마 히로키의 문제의식이 옳았다는 점을 보여준다고 할 수 있을 것 같다.

아키텍처에 의한 행동 제한

한편 명확한 '감시' 형태를 취하지는 않아도, 기술 진보나 그것을 이끌어가는 기업이 제공하는 서비스가 시민이 '할 수 있는 일과 할 수 없는 일'을 결정하는 상황이 더욱 보편화되었다.

이 점에 대한 선구적인 논의로는 사이버법 등의 전문가인 로런스 레시그Lawrence Lessig 하버드대학 교수의 주장을 가장 먼저 들 수 있겠다. 레시그는 15년 전부터《코드와 사이버 공간의 다른 법률들 Code and Other Laws of Cyberspace》등의 저서에서 '기술 진보가 사회 규제 등을 어떻게 바꾸고 있는가' 같은 문제를 날카롭게 제기해 왔다.

레시그는 시민의 행동을 규제하는 데에는 '법', '규범', '시장', '아키텍처architecture'라는 네 가지 수단이 있다는 점을 지적했다. 그중에 맨 마지막 수단인 '아키텍처'를 통한 행동 규제란, 공원 벤치에 팔걸이를 설치해 노숙자들이 눕기 어렵게 만드는 등, 인프라나 건조물 등을 물리적으로 설계해 어떤 특정한 행동을 '할 수 없게 만드는' 규제를 말한다. 레시그는 대기업이 제공하는 아키텍처를 통한 규제로 사이버 공간에서 자유롭고 창조적인 행동이 제한되는 정도가 강해졌다고 경종을 울렸다.

레시그의 지적에서 중요한 것은 법을 통한 규제에는 소위 눈감아 주는 일이 늘 따르기 마련이지만, 아키텍처에는 그러한 '빈틈'이 생기기 어렵다는 점이다. 특히 사이버 공간에서는 인터넷 아키텍처, 즉 코드code가 거의 완전히 사람들의 행동을 제약하고 있다.

때문에 IT 대기업이 시민의 자유로운 발언이나 행동을 자의적으로 규제하지 않도록, 오히려 시민과 정부가 협력해 법적 규제로서 어느 정도 묶어놓아야 한다는 게 레시그의 주장이다. 다시 말해, GAFA구글, 아마존, 페이스북, 애플로 대표되는 민간 대기업이 자본주의 논리를 바탕으로 제공하는 아키텍처가 사람들의 자유롭고 창의적인 활동 기회를 빼앗지 않도록 적극적으로 개입하는 일이야말로 법이나 시민사회의 역할이 되는 것이다.

그런데 여기서 한 가지 의문이 생긴다. 아키텍처에 의한 행동 제한은 민간기업(그것이 아무리 거대하다 해도)에 의한 '자의적인 규제'이기 때문에 문제 삼아야 할까? 아키텍처를 통한 규제가 더욱 폭넓게 '시민의 뜻'에 기초해 이뤄져 일종의 '공공성'을 실현할 가능성은 없을까?

넛지에 이끌려가는 시민들

앞에서 말한 문제를 생각해 볼 때 매우 중요한 개념이 행동경제학 이론을 통한 연구 업적으로 2017년에 노벨경제학상을 받은 리처드 탈러Richard H. Thaler와 헌법학자 캐스 선스타인Cass R. Sunstein 등이 주창하고 있는 '넛지'와 그 배경이 되는 사고방식인 '자유주의적 온정주의'다.

'넛지'란 아마존 등 인터넷 쇼핑 사이트에서 과거의 구매 이력이나 열람한 정보 등을 근거로 해서 AI가 추천해 주듯이, '조언'이라는 말을 떠올리면 쉽게 이해할 수 있다. 리처드 탈리와 캐스 선스타인은 함께 집필한 《넛지》에서 넛지가 적절하다면 소비자가 자신의 효용을 높이도록 더 나은 소비 행동을 선택해 더 행복해질 가능성이 높아진다며 행동경제학과 인지과학의 지식을 살려 주장했다.

예를 들어 학교의 카페테리아식 식당에서 메뉴가 나열된 방식은 아이들이 식사를 선택하는 데 중요한 영향을 끼친다. 위쪽에 표시된 메뉴일수록 더 쉽게 선택되기 때문이다. 기왕이면 아이들이 건강해질 수 있도록 선택될 메뉴가 미리 고려되어 나열되어야 하지 않을까?

이 메뉴 나열 방식을 정부의 각종 제도 설계로 대체해 생각해 보면, 적절한 제도 역시 어떻게 설계되는지에 따라 사람들의 '행복도'에 크게 영향을 미치게 된다. 그렇다면 온정주의적인 개입이고 '선택의 자유'를 빼앗는다고 해서 가령 완전히 무작위로 메뉴를 나열해야 한다는 주장은 터무니없는 생각이 아닐까?

이러한 논의에서 중요한 점이 모든 선택지와 정보를 고려한 다음에 합리적인 판단을 내리는 '이콘(경제인)'과 제한된 정보로 때때로 비합리적인 선택을 하는 '인간(보통 사람)'의 구별이다. 일반적으로 보통 사람에게 '선택의 자유'는 그다지 고마운 일은 아니다. 보통 사람은 자유롭게 행동한다고 하지만 반드시 감정이나 분위기, 주변 사람들의 결정에 영향을 받는다. 예를 들어 카페테리아에서 맛있어 보이지만 칼로리가 높은 메뉴가 맨 위에 올라와 있으면 결국 그것에 손을 내밀고 만다. 그 결과, 나중에 칼로리 과다 섭취를 후회할 선택, 즉 자신에게 불리한 선택을 하는 경우가 자주 있다.

따라서 정부가 할 일은 잘 짜인 제도 설계를 통해 보통 사람이 '선택하지 않겠다는 선택'을 하도록 지원하는 것이라고 탈러와 선스타인은 주장한다.

다시 말해, 시장 왜곡을 초래하는 규제나 직접적인 소득 재분배 등을 하는 '큰 정부'를 비판하는 '자유지상주의' 입장과, 식당 메뉴의 나열 방식이나 사회보장제도에 가입할 때의 기본 옵션을 철저하게 궁리해 더 바람직한 선택에 인센티브를 부여하는 온정주의를 조합한 시각이 바로 그들이 주장하는 '자유주의적 온정주의'의 입장이라고 해도 좋다.

이 자유주의적 온정주의야말로 조금 전에 말했듯이 제멋대로에다 어리석은 행동을 '처음부터 할 수 없게 하겠다'는 식으로 규제하는 '공공성'의 기초를 다지는 사상이라고 말할 수 있다. 다만 따지고 보면 자유주의적 온정주의는 민주주의의 근간을 건드리는 문제를 안고 있다는 비판은 지금까지도 나오고 있다. '민의民意를 반영한 것이라면 설령 어리석은 선택이라 하더라도 받아들이는' 것이 민주주의 정신이라고 한다면, 자유주의적 온정주의는 그 정신과 양립할 수 없는 측면이 분명히 있기 때문이다.

예를 들어 정부든 민간이든 정말로 바람직한 넛지나 아키텍처를 설계할 수 있는 인력을 조달할 구조를 갖출 수 있을까? 만약 그 일이 가능하다고 하더라도, 사람들의 행동을 좌우할 넛지나 아키텍처

설계에서 배제되고 그것들을 따르기만 할 사람들과의 '격차'가 점점 커지지는 않을까?

게다가 더 많은 시민에게 바람직한 넛지를 제시하려고 한다면 결국 시민의 행동 유형이나 취향이 담긴 데이터를 정부가 가능한 한 많이 손에 넣는 편이 좋다. 그렇게 시민의 개인정보를 정부가 입수하고, 그 데이터를 바탕으로 정책을 실행하는 식의 사회는 그야말로 전형적인 감시사회 그 자체가 아닐까 하는 의문이 든다.

행복과 자유의 맞교환

때문에 사람들의 생활을 더 편리하게 하는 넛지나 아키텍처를 정부나 대기업이 제공하는 기회가 늘더라도, 그 결정 과정에서 시민들이 주체적으로 관여하고 정부 등이 추진하려는 움직임을 '감시'하는 일이 얼마나 중요한지에 대한 문제의식이 앞으로 생기게 될 것이다.

이와 관련해 법철학 전문가 오야 다케히로大屋雄裕의 주장을 참조해 본다. 오야는 장래의 주관적인 불안에 대비해 안심할 수 있는 시스템(시큐리티)이 그 자체로 사람들의 '자유롭고 민주적인' 욕구에서 생겨난 이상, '안심'을 보장하기 위한 아키텍처(=감시 시스템)의 도입은 피할 수 없다고 말한다.

그리고 기술의 진보에 따라 행복과 자유를 맞바꿀 상황, 즉 19세

기적인 '자유롭고 평등한 개인'이 만들어내는 시민사회의 꿈이 위기에 직면한 지금, 미래 세계의 모습을 모색해야 한다며 다음의 세 가지 사회상을 제시하고 있다.

첫 번째는 '새로운 중세 신자유주의'다. 사기업이 제공하는 아키텍처에 의해 사람들의 행동이 제한되고 '법'이나 정부에 의한 통제의 효과가 없어진 결과, 어떤 의미에서 초기 자본주의와 비슷한 약육강식의 세계다. 즉 '힘 있는 자가 이기고', '자기 몸은 자기가 지키는' 식으로 스스로를 구제하는 세상으로 되돌아간 모습이랄까?

두 번째는 '총독 관저 공리주의의 자유주의'다. '총독 관저 공리주의government house utilitarianism'는 공리주의에 비판적인 견해를 가진 철학자 버나드 윌리엄스Bernard Williams가 사용한 용어로, 빅데이터를 '선택된' 일부 사람들과 그들이 운영하는 공권력이 집중적으로 관리해, 그 빅데이터를 바탕으로 사회를 제어하는 아키텍처가 결정되고 많은 사람들이 그저 따르기만 하는 사회를 말한다.

이러한 사회의 구체적인 이미지를 오야는 "개인의 (정보관리 능력이나 판단 능력의) 취약함"을 극복하기 위해 "각자 자유롭게 행동한다고 하더라도 사회 전체의 행복이 자동적으로 실현되는 사회를 아키텍처적인 제도로써 실현하는 모델"이라고 표현한다.9

그다음 세 번째는 '만인의 만인에 의한 감시', 그의 말을 빌리면 '하이퍼 판옵티콘hyper-panopticon'이다. 기술이 진보해 감시가 사회 곳곳에서 이뤄진 결과, 엘리트층이나 정부도 포함해 사람들이 모두 '감시되는 대상'으로서 평등해지고, 그 평등성을 향한 일반적인 신뢰 때문에 사회의 동일성과 안정성이 유지되는 상황을 상상하면 될 것이다.

결국, 행복이나 안전을 어느 정도 기술을 통해 추구하게 된 사회에서 근대적 가치관, 즉 특정 가치관을 가진 개인을 차별하고 배제하지 않는 데 가치를 두는 자유주의 가치관에만 충실한다면, '모든 사회 구성원이 평등하게 감시당해서 평등한 사회'의 상징으로서 '하이퍼 판옵티콘'을 받아들일 수밖에 없지 않을까 하는 것이 오야가 제기한 문제다. 우리가 꿈꾸는 이상적인 사회는 결코 아닐 수도 있겠지만, 받아들이기 어려워 보이는 세 선택지 중에서는 적어도 가장 나아 보인다.

그 밖에 감시사회론의 일인자인 데이비드 라이언David Lyon도 국가 등 거대하고 강력한 '감시자'가 '우리'의 생활을 일방적으로 감시하는 조지 오웰의 《1984》식 이항대립적인 이미지로는 더 이상 현실을 파악할 수 없다며, 감시의 주체가 더 다양화하고 유동화하는 현대의 감시사회를 '유동하는 감시liquid surveillance'라는 용어로 표현하고 있다.10

이러한 논의들은 기술 진보에 따른 감시사회화가 멈출 수 없는 움직임이라고 받아들인 상태에서, 대기업이나 정부에 의한 빅데이터의 관리 혹은 감시를 시민(사회)이 어떻게 점검할지를 문제시하고 있다고 말할 수 있다.

중국의 현상과 그 배경

　지금까지 '감시'에 관해 일본이나 미국에서 논의되고 있는 흐름을 소개했지만, 중국 사회도 같은 경향으로 나아가고 있다. 흔히 중국이 다른 나라들과는 지향하는 바가 다른 것처럼 자주 말해지지만, 실제로는 세계의 새로운 사정을 배워가면서 그 흐름을 중국의 상황에 맞게 받아들이고 있다는 편이 현실에 가까울 것이다.

　'감시'라는 행동은 원초적, 근대적, 포스트모던적이라는 세 가지 단계로 나누어서 생각하는 방식이 효과적이다. 원초적 감시 단계는 사전적 의미로서의 '감시', 즉 '지켜본다, 단속한다'라는 의미다. 위정자에게는 부적절한 행위 적발 자체가 목적이다. 두 번째인 근대적 감시는 앞에서 말한 판옵티콘panopticon, 즉 위정자가 감시한다는 점을 항상 의식하게 해서 피감시자가 알아서 행동을 개선하고 부적절한 행동을 하지 않게 하는 감시다.

　감시카메라는 그 한 예로, 중국에서는 앞서 말한 톈왕공정과 쉐량공정이 유명하다. 톈왕공정은 도시가, 쉐량공정은 농촌이 대상인 정책으로, 네트워크화된 AI 감시카메라 설치 프로젝트다. 이 장 맨 처음에 소개한 AI 감시카메라는 어느 곳에 누가 있는지, 어떤 옷을 입고 있는지, 어떤 차를 운전하는지, 어떤 행동을 하는지 등의 정보를 자동으로 판단한다. 사람이 영상을 확인하지 않아도 자동적으로 알람을 울리거나 나중에 필요한 정보를 재빨리 검색할 수 있다.

　중국에서는 지금 그러한 감시카메라를 흔히 볼 수 있게 되었다.

거리의 감시카메라는 사람들이 그 존재를 알 수 있게 설치된다. 재밌게도 알리바바 그룹이 제공하는 지도 앱 '가오더 지도高德地图'는 사용자의 이동 경로에 감시카메라가 있으면 설치된 장소를 표시해 준다. 감시카메라가 있으니까 행동에 주의하라고 친절하게 알려주는 것이다.

이렇게 근대적 감시를 계속 발전시키는 한편, 중국이 그 이상으로 힘을 쏟는 감시가 포스트모던적 감시다. 대다수 사람들이 자신이 감시당하고 있다는 사실을 의식하지 못하는데도 부적절한 행동을 하지 않도록 자연스럽게 유도하는 방식으로, 감시자와 피감시자라는 이분법을 만인의 만인에 의한 감시로 대체하는 특징이 있다. 그야말로 넛지나 유동하는 감시 등의 개념을 현실 사회에 적용하려는 것이다.

그 핵심이 바로 조금 전에 살펴본 '사회신용시스템'이다. 다만 그 실태는 지금까지 말했듯이 아직 진행 중이고, 특히 '도덕' 분야의 시스템은 해결해야 할 과제도 많다. 또한 일본이나 영미권 언론 보도로는 마치 중국 정부가 개인정보를 국가가 일원적으로 관리하는 '사회신용시스템'의 청사진을 이미 그리고 있고, 민간기업이 제공하는 '사회신용점수' 서비스까지 그 안에 포함해 간다고 하지만, 앞으로는 그럴 가능성이 있다고 하더라도 아직 먼 훗날의 일이다.

하지만 이러한 시도의 배경에, 레시그가 경종을 울린 '민간 IT 대기업이 제공하는 아키텍처가 사람들의 행동을 좌우하는' 상황, 그리고 선스타인 등이 추진하려는 '온정주의적인 정부가 제도를 설계해 시민을 선도善導하는' 상황이 존재한다는 점은 생각해 봐야 한다.

왜냐하면 이미 이러한 '선도'는 다음 장에서 자세히 살펴볼 '언론통제' 분야에서 어떤 의미에서 '성공'했기 때문이다. 예전의 중국의 언론통제는 검열, 삭제, 체포 등 강권으로만 이뤄졌다. 그러나 현재의 언론통제는 눈에 보이지 않는 형태로 많은 사람들이 그 존재를 알아차리지 못하고, 또한 일반 시민이 자발적으로 반정부적 발언을 삼가게 하는 식으로 진화하고 있다.

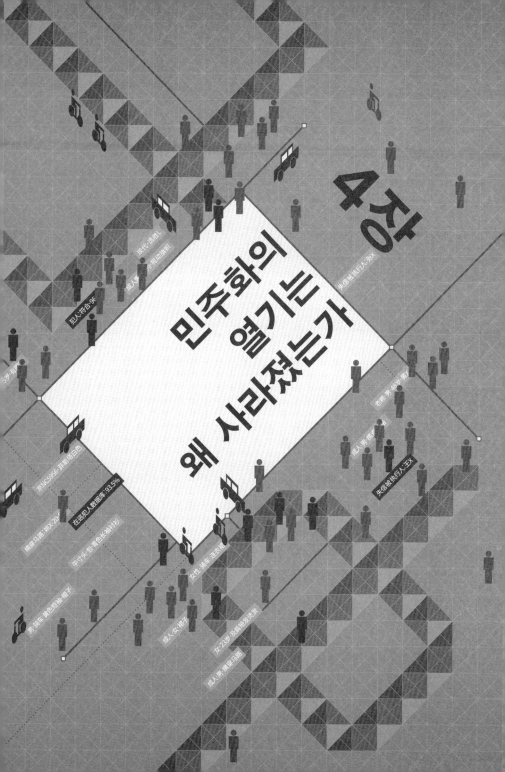

4장

민주화의
열기는
왜 사라졌는가

중국의 검열은 어떠한 것일까

2019년 6월, 일본의 어느 경제 언론 취재팀과 함께 베이징을 방문할 때의 일이다. 팀 구성원들과 공유하기 위해 취재 일정을 구글 캘린더에 모아두었는데, 갑자기 일행 중 한 명이 열람할 수가 없다며 비명을 질렀다. "큰일 났어요! 구글에 접속이 안 돼요!" 중국의 악명 높은 인터넷 검열에 걸린 것이다.

그는 중국 취재를 여러 번 한 적이 있어 인터넷 검열 대책도 꼼꼼히 준비했지만, 지금까지 문제없이 해왔던 방법이 왠지 모르게 이번에는 통하지 않았다고 한다.

여기서 포인트는 '왠지 모르게'다. 사실 중국의 네트워크 검열은 시시각각으로 변화하고 있다. 그리고 지방마다, 통신사업자마다 차이가 있다. 물론 아무 대책도 세우지 않으면 구글이나 트위터, 페이스북, 뉴욕타임스 등 해외 서비스나 언론사 웹사이트를 이용할 수 없다는 점은 변함없다. 하지만 그다지 인지도가 높지 않은 사이트는 갑자기 접속이 되었다가 끊겼다가 하는 등 검열 시스템이 일정하게 작동되지 않는다. 또한 가상사설망(VPN) 기술을 사용해 인터넷 검열에 대응해도, 어떤 서비스를 이용할 수 없다가 또 반대로 갑자기 이용할 수 있게 변한다.

중국 관련 뉴스를 주의 깊게 보는 사람은 "○○라는 사이트에 접속 가능. 중국 정부의 태도 변경인가", "○○에 접속 금지. 중국 정부의 자세를 나타낸다" 등의 기사를 본 적이 있을지도 모르지만, 꼭

기서 내용처럼 그렇지는 않다. 다시 밑에 중국 정부의 명확한 의지로 변하기도 하지만, 변덕스럽게 변할 때도 있다. 이렇게 잘 이해할 수 없게 하는 점이 바로 중국 인터넷 검열의 본질이다.

또 자주 들리는 오해 중 하나로 해외 서비스나 언론사 웹사이트는 절대 이용할 수 없다거나 검열을 회피하면 체포된다는 등의 말이 있는데, 사실은 그렇지 않다. 다만 검열을 피하려면 노력이 들고 번거롭다. 중국 밖에서 주로 생활하는 외국인에게는 연락처나 업무 상대도 대부분 중국 밖에 거주하는 사람들이기 때문에, 연락이 되지 않으면 당연히 곤란해진다. 그러니 아무리 번거로워도 필사적으로 검열을 피하는 방법을 찾을 것이다.

하지만 외국인을 만날 일이 거의 없는 중국인이라면 중국 국내의 대체 서비스를 사용해도 충분하다. 구글 대신 바이두로 검색하고, 라인 대신 위챗으로 채팅하는 등 비슷한 중국계 서비스를 이용할 수 있기 때문이다. 중국의 인터넷 검열은 피할 수는 있지만 노력이 들고 번거롭기 때문에 사람들을 자연히 해외 서비스와 멀어지게 하는 구조다.

이렇게 중국의 인터넷 검열은 일상적으로는 한결 원만한 방법으로 이뤄지는 경우가 많다. 예를 들면 2000년대 초반에는 중국에서 구글 검색이 완전히 차단되지는 않았다. 무슨 말이냐 하면, 30초 동안 접속 가능한 시간이 이어지면 그 뒤에 30초 동안 끊어지는 시간이 이어진다. 또는 같은 유저가 단시간에 여러 번 검색을 하거나, '천안문天安门, 톈안먼 사건' 같은 민감한 용어를 검색하려고 하면 접속이 차단된다. 인터넷 검열은 이러한 식의 여러 가지 규제를 통해 이용에 불편을 주고 있다.

이러한 사정을 잘 아는 사람은 불안정한 사이트 접속이 중국 정부의 검열 때문이라고 생각했지만, '구글은 세계적인 기업인데 왜 이렇게 사이트가 계속 다운되지? 중국의 바이두가 훨씬 안정적이네' 하고 착각하는 사람도 적지 않았다.

평소에는 이렇게 느슨하게 검열하지만, 갑작스러운 사건이 발생하면 인터넷 검열을 철저하게 실시한다. 신장 위구르 자치구의 소란, 소수민족의 천안문 광장 앞 차량 돌진 사건, 또는 민주화운동가 류샤오보劉曉波의 노벨상 수상 등이 좋은 예다. 2009년 신장 위구르 자치구 시위(7장 참조) 당시에는 약 1년에 걸쳐 현지의 모든 인터넷 접속을 차단하는 강력한 수단을 동원했다.

이 경우에는 접속 차단뿐만 아니라 보도나 발언도 삭제한다. 일반 언론이나 일반 시민의 모든 발언을 봉쇄하고, 인민일보나 신화통신 등 중국공산당 중앙 직속 언론에 의한 보도만 남긴다. SNS에도 관련 글의 게시를 금지할 뿐만 아니라, 인민일보 등 보도를 전하는 공식 계정이 게시한 글이라고 해도 댓글란을 없애서 규칙에 어긋난 일반 이용자들의 발언이 사람들의 눈에 띄지 않게 한다.

그렇다면 중국 정부는 도대체 왜 이렇게까지 철저히 발언을 규제할까? 그리고 방금 말한 느슨한 검열과 강력한 검열은 물밑에서 어느 정도 연결되어 있고, 앞으로 어떤 방향으로 나아갈까? 이번 장에서는 그 물음들을 생각해 보기 위해 먼저 인터넷 여론이 중국 사회

네 세신 영향을 소개하고, 이어서 시진핑 정권의 대응책을 살펴보
려고 한다.

인터넷 게시판에서 웨이보로

1949년의 중화인민공화국 성립 이후, 중국공산당은 모든 미디어
를 검열했다. 검열 대상이 되는 언론은 시대나 매체에 따라서도 다
르지만, '중국공산당 일당 지배에 의문을 표하는 일', '최고 정치가
에 대한 비판', '민주화운동 등 반정부 운동을 교사하는 일', '소수민
족의 독립을 촉구하는 일'이 중심 검열 대상이다.

검열 대상 미디어는 서적, 잡지, 신문, 영화, TV, 라디오에 이르는
모든 매체를 포함한다. 서적이나 잡지 등 출판물은 반드시 정부 기
관이나 국영기업 관할 아래 놓이고, 영화는 대본을 비롯해 각 단계
에서 검열이 이뤄진다.

이렇게 강력한 검열 체제가 마련되었다고 해도 사회에 새로운 미
디어나 예전에 없었던 툴 등이 등장하면, 검열 체제가 구축될 때까
지는 아무래도 시간이 걸린다. 특히 최근 20년 동안의 인터넷 시
대에는 인터넷 게시판, 메신저 프로그램, 블로그, 마이크로 블로그,
SNS 등 차례차례 새로운 미디어나 툴이 등장했기 때문에, 정부의
검열 체제는 늘 뒤처졌다.

1990년대 후반에는 먼저 인터넷 게시판이 등장했다. 문제가 있

는 기사는 차례차례 삭제되었지만, 중국 인터넷 이용자들이 다른 사람에게 알려주고 싶은 기사를 옮겨 싣는 바람에 삭제된 수보다 옮긴 수가 더 많아져 검열 효과가 그다지 크지는 않았다. 그러다가 2000년대 초에는 블로그가 등장했다. 블로그는 인터넷 게시판과는 달리 관리인이 없기 때문에 검열이 더 어려웠다. 2000년대 중반에는 미국의 페이스북이나 마이스페이스를 모방해 중국 기업이 런런왕人人网 등의 SNS 운영을 시작했다. 친구로 등록한 사람이 글을 올리면 알림이 오기 때문에, 인간관계를 통해 정보가 폭발적으로 유통되는 매체였다.

컴퓨터의 채팅 소프트웨어도 중요한 툴이다. 1990년대 말부터 마이크로소프트의 MSN 메신저, 이스라엘 기업 미라빌리스가 개발한 ICQ, 그리고 중국 기업 텐센트의 QQ라는 프로그램이 인기를 끌었다. 기본적으로는 지인들끼리 커뮤니케이션하는 수단이지만, 정보를 남의 눈에 띄지 않고 보낼 수 있다. 이용자들은 중요한 기사나 삭제된 기사를 발견하면 채팅 프로그램으로 지인에게 보냈다. 이것도 검열 회피의 중요한 수단이 되었다.

휴대폰의 문자메시지도 의외로 중요하다. 2007년의 샤먼厦门 지역 PX공장 사건 때는 문자메시지가 샤먼시 정부의 태도 변경을 촉구하는 등 대규모 항의운동을 일으키는 계기가 되었다. 'PX'란 파라자일렌paraxylene의 약어인데, 샤먼 PX공장 사건은 파라자일렌을 제조하는 화학 공장 건설이 인가를 받자 환경오염이 발생하기 쉽다는 이유로 주민들이 반발을 일으킨 사건이다.

하시만 항의 시위를 하려고 해도 샤먼시 정부의 허가를 받을 가능성은 전혀 없었다. 그래서 정해진 일시에 '때마침 우연히' 시청사 앞에서 모인 것처럼 하자는 내용의 문자메시지가 퍼져 나갔다. 구호를 외치지는 않고 다 같이 그저 조용히 걷기만 한다는 내용으로 말이다. 몸에 노란색 리본을 달아서 뜻을 함께함을 서로 보고 알 수 있게 한다는 약속을 공유하면서 많은 사람들이 시청사 앞을 가득 메웠다.

2019년에 홍콩에서는 범죄인 인도법 제정에 반대하는 시위가 일어나 최대 200만 명(주최자 발표)이 참가하는 사태가 벌어진 적이 있다. 리더나 조직 없이, 강력한 익명화 기능을 가지는 메신저 앱 '텔레그램'으로 퍼진 의견 등에 한 사람 한 사람이 반응하는 형태로 운동이 확산되었다. 익명의 메시지로 이은 무조직 항의운동이라는 형태는 샤먼 PX공장 사건과 매우 비슷하다. 샤먼 PX공장 사건 당시에는 휴대폰 번호를 편의점이나 잡화점에서 간단히 구매할 수 있었기 때문에 텔레그램 없이도 문자메시지를 익명의 연결 매체로 활용할 수 있었다. 하지만 현재는 휴대폰 번호가 신분증 역할을 하기 때문에 시위 소식 등을 보내려고 하면 바로 발신자가 밝혀지게 되어 버렸다.

천안문 사건 이후에 덩샤오핑이 남긴 "안정이 모든 것에 우선한다穩定圧倒一切"란 말은 중국공산당에게 절대적인 가치를 가진다. PX공장 건설을 강행하면 폭동 등이 일어나기 쉽고, 그렇게 되면 시 정부 관료가 책임을 지게 될 것을 우려해 PX공장 건설 계획은 결국 철회되었다.

2009년에는 웨이보가 등장했다. 불특정 다수의 팔로워들을 향해 간단한 문자나 이미지를 공개할 수 있는 앱이다. 140자 이내의 짧은 문장밖에 쓰지 못하지만, 오히려 그렇기 때문에 더 마음 놓고 많은 게시물을 발신할 수 있다. 게다가 휴대폰만으로도 글을 올릴 수 있기 때문에, 이용자가 사건이 일어나고 있는 현지에서 실시간으로 발신할 수 있다.

웨이보와 관련해 개인적으로 기억에 남는 일은 2010년의 반일 시위다. 센카쿠 열도 해상에서 중국 어선이 일본 해상보안청 순시선과 충돌하는 사건이 발생했을 때, 중국 각지에서 반일 시위가 벌어졌다. 이때 웨이보에서는 현지에서 실시간으로 현장 리포트가 공개되었다. 지금은 어떤 사건의 첫 보도가 SNS를 통해 이뤄지는 게 흔한 일이지만, 그 당시에는 아직 신선했다.

아무리 감이 빠른 언론인이 현지에 있다 해도, 수많은 참가자들이 모인 시위 한복판에서 충돌이나 파괴 등이 벌어지는 극적인 순간에 맞춰 그 자리에 가 있기란 쉽지 않다. 그렇지만 웨이보를 보고 있으면 누군가가 그러한 장면을 찍어 발신해 주기 때문에 놓칠 염려가 없다. 때문에 필자뿐만 아니라 많은 중국인들이 웨이보에서 눈을 뗄 수가 없게 되었다.

더 놀라운 일은 실제로 현장에서 사건을 전해준 사람들의 이야기를 듣고 싶어서 연락을 취했을 때다. 사건을 보도한 사람은 시위 현장인 쓰촨성 몐양시의 주민이 아니라 거기서 1500킬로미터 이상이니 밀어신 서상성에 사는 사람이었다.

"죄송합니다. 진 그냥 시위 참가자들이 보낸 게시 내용을 모아서 마치 제가 현장에서 전하듯이 꾸몄을 뿐입니다. 왜 그랬냐고요? 왠지 재미있을 것 같아서요. 특별한 이유는 없습니다. 하지만 너무 눈에 띄는 바람에 경찰에 불려가 혼이 났어요(웃음)."

현장에 없는데도 어떻게 그러한 생생한 르포를 쓸 수 있을까 하고 충격을 받은 일이 아직도 기억에 생생하다.

이황 사건, 우칸 사건으로 본 독재정권의 역설

이제는 어느 정도 글재주나 센스가 있으면 현장에 없더라도 사람들의 관심을 끌 만한 글을 써서 올릴 수 있다. 그러한 힘을 가진 미디어의 등장은 중국 사회에 큰 영향을 미쳤다. 몇 가지 대표적인 사건을 소개한다.

하나는 2010년의 장시성 푸저우시 이황현에서 일어난 이른바 '이황 사건宜黃事件'으로, 정부의 폭력적인 토지 수용에 항의하며 주민 세 명이 분신자살을 시도해 한 명이 사망한 일이다. 사건 발생후 친족들이 TV에 출연해 그 전모를 전하기 위해 베이징시로 가려고 하는데, 지방정부 관계자들이 공항에서 방해를 했다. 이에 공항에서 일어난 방해와 병원의 치료 상황 등이 웨이보를 통해 전파되면서 인터넷을 중심으로 동정의 목소리가 높아졌다. 결국 여론의 압박을 받은 중국 정부는 지방정부에 과실이 있었다고 인정하고 이황현의 장을 파면했다.

또 하나는 2011년에는 일본에도 크게 보도된 '우칸 사건烏坎事件' 이다. 광둥성 산웨이시 소속 루펑시에 있는 우칸 마을의 공유지 사용권이 기업에 양도되었는데, 기업이 지급한 보상금이 마을 주민들에게 제대로 환원되지 않았다는 이유로 항의운동이 일어났다. 그러던 중 항의운동의 지도자가 경찰 구속 중에 갑자기 사망하는 바람에, 태도가 강경해진 주민들이 마을에 바리케이드를 설치해 진을 치고, 그 주변을 수천 명의 무장경찰이 포위하는 등 긴박한 사태로 이어졌다.

이 농성전은 약 열흘간 이어졌고, 사건의 자초지종이 웨이보로 중계되었다. 중국 인터넷 여론은 물론 해외 미디어의 주목을 받는 가운데, 최종적으로는 지방정부가 양보하는 형태로 마무리되었다. 지방에서 일어난 사건이지만 어째서 웨이보란 인터넷 여론의 압력에 중국 정부가 양보했을까?

그 이유에는 독재정권이 가지는 역설이 있다. 독재국가는 민주주의 국가가 아니지만, 그렇다고 해도 민의를 무시할 수는 없다. 오히려 선거를 통해서 그 정당성을 담보받지 못한 만큼, 민주주의 국가 이상으로 여론에 민감한 측면이 있다. 궁극적으로는 폭력적인 탄압을 행사하는 힘을 선택지로 가지고 있다 하더라도, 민중이 독재정권을 지지한다는 점을 표면적으로는 가능한 한 유지할 필요가 있는 것이다.

농싱을 일으키는 쪽도, 그러한 독재정권의 역설을 잘 알고 있었다. 앞에서 소개한 우칸 사건에서는 최종 국면에서 주밍궈朱明国 당시 광둥성위원회 부주석이 현지를 방문했을 때, 마을 주민들은 환영한다는 현수막을 들고 맞이했다. '우리는 부정을 행하는 지역 공무원에게 항의했을 뿐이다', '때문에 그 잘못을 바로잡는 상급 공무원의 방문은 환영한다'라는 논리였다.

말단 공무원은 나쁘지만, 상급 공무원은 현실을 모를 뿐 기본적으로는 국민을 생각하고 있다는 식의 논리인 것이다. 이러한 식으로 연출하면 중앙정부는 체면을 살릴 수 있게 되고, 항의하는 쪽도 이익을 얻고 마무리 지을 수 있다. 이 점은 다음 장에서 설명하겠지만, 현대 사회에서 어떠한 공공성을 실현하려면 많은 사람들이 중국공산당의 힘에 의지할 수밖에 없다는 점을 뒷받침해 주는 사실이라고 말할 수 있겠다.

어쨌든 이 독재정권의 역설을 잘 이용해 인터넷 여론은 차례차례 승리를 거뒀다. 그러한 식의 논리는 엄밀히 따지면 민주주의와 거리가 멀다고 할 수 있지만, 적어도 지방 관료의 부정을 억제하는 힘이 되어주었다. 그렇기 때문에 '인터넷이 중국을 변화시키는 힘이 되지 않을까' 하는 기대가 쏟아진 때도 바로 이 시기였다. 그러나 2012년의 시진핑 체제가 탄생하면서 기대는 보기 좋게 무너진다.

시진핑의 세 가지 대책

시진핑 체제의 주요 과제는 인터넷 여론 통제였다. 2012년 가을 중국공산당 대회에서 시진핑 체제가 성립된 후, 그 대책을 잇따라 도입하고 있다.

첫 번째는 '반부패 운동'이다. 부정 관료를 중국공산당이 스스로 차례차례 적발해 처벌을 내리는 캠페인이다. 이 캠페인으로 인해 심지어 저우융캉周永康, 당시 중국공산당 중앙정치국 상무위원을 비롯해 고위 관료들이 실각했다. 상무위원의 실각은 문화대혁명이 종결된 뒤의 4인방문화대혁명 기간에 정치 주도권을 장악했던 네 명의 인사의 실각 이후로 30년 이상 없었던 큰 사건이다.

확실히 '인터넷 여론이 처벌한 사람들은 고작 말단 관료뿐'이고, '비리 관료 퇴치를 가장 잘하는 쪽은 중국공산당이다'라는 식의 주장을 펼치려는 목적이었다. 인터넷 여론과 같은 일을 그 이상의 힘으로 실현하겠다는 전술과 관련해 시진핑은 직접 2013년 8월 전국선전사상공작회의全国宣传思想工作会议에서 발언했다.

더 많은 힘을 쏟아 인터넷이라는 여론의 전장에서 주도권을 재빨리 장악해야 한다. 적극적으로 배우고 현대 미디어의 새로운 수단과 방법의 전문가가 되어야 한다. 인터넷 여론의 논의를 더 깊이 파고들고 인터넷의 공격과 침투를 방어하고 제어한다. 조직을 정비하고 잘못된 사상에 반론을 가하고, 법에 근거한 인터넷 사회 관리를 강화하고, 인터넷의 시기술, 새로운 서비스 관리를 강화해 인터넷상의 지배를 확보한다. 이렇게 해서 우리의 인터넷 공간을 정상화하는 것이다.

인터넷의 투쟁은 새로운 여론 투쟁의 형태이고, 전략 및 전술을 연구해야 한다. 그들이 운동전과 유격전을 전개한다면, 우리도 정규전과 진지전만으로 싸울 수는 없다. 임기응변으로 대처하고 그들의 수단을 우리도 활용해 적의 허를 찔러 승리해야 한다. 낡은 전술만을 고집하다가 큰 판국을 잃어서는 안 된다.

종래의 낡은 선전 수법이 아니라, 새로운 시대에 맞는 방법으로 대처할 것. 즉, 웨이보의 인터넷 여론과 동일한 수법으로 싸워야 한다고 주장했다. 인터넷 여론보다 더 적극적으로 비리 관료를 처벌하는 '반부패 운동'은 대표적인 예로, 중국 당국은 그 밖에도 랩 음악과 함께 공산당의 주장을 전달하는 애니메이션을 제작하는 등, 네티즌들에게 퍼지기 쉬운 선전 방법을 모색했다.

두 번째는 강압적인 봉쇄다. 2013년에는 유명 블로거가 차례차례 체포되었다. 또한 '시민사회'(이 용어에 대해서는 다음 장에서 자세히 살펴본다)의 실현을 목표로 하는 시민운동인 '신공민新公民 운동'의 리더인 쉬즈융許志永, 왕궁취안王功权이 체포되었다. 그 이듬해에는 저명한 언론인 가오위高瑜, 인권 변호사 푸즈창浦志强이 체포되고, 2015년 7월 9일에는 인권변호사와 정치활동가 200명이 한꺼번에 체포되고 취조를 받은 '709 사건'이 일어났다.

중국의 인터넷 속어인 '베이허차被喝茶(억지로 차를 마시다)'는 이러한 강압적인 상황을 반영하는 말로 보인다. 체포나 정규 취조 외에도 경찰에 불려가 비정규 취조를 받고, 과격한 발언을 하지 않도록 압박을 받는 일인데, 이를 당하는 사례도 늘고 있는 것 같다. 때문에 체포까지는 되지 않은 유명 웨이보 이용자나 블로거라고 해도 사회문제와 시사 현안에 대한 발언을 조심하게 되었다.

세 번째는 감시원과 여론몰이원들의 수를 늘리는 일이다. 중국에는 인터넷 게시판 감시원으로 종사하는 사람들이 대단히 많다. 지방정부가 고용한 경우, IT기업이 자사 서비스에 부적절한 게시글이 올라와 있지는 않은지 확인하기 위해 고용한 경우, 또한 대학이나 중국공산주의청년단에 소속된 젊은이들을 동원해 자원봉사를 시키는 경우 등 다양하다. 자세한 내용은 밝혀지지 않았지만 상상을 초월할 만큼 많은 사람들이 검열하고 있다는 점은 분명한 사실로, 2015년에 유출된 관련 문서에서는 중국공산주의청년단만으로도 전국에 1천만 명의 인터넷 자원봉사자들을 동원한다는 계획이 드러났다.

검열을 눈치채지 못하게 하는 불가시화

지금까지 소개한 시책은 강제적인 압력과 감시로 언론을 규제하는, 말하자면 '고전적인 언론통제'다. 그러한 시책은 외부에서도 알아차리기 쉽기 때문에 외국인이나 인권단체로부터 많은 비판을 받게 될 것이 정부로서는 난감했을 것이다. 최근에는 그것과 병행해 더 새로운 형식의 언론통제도 도입하기 시작했다.

그중의 한 예가 바로 '불가시화不可視化'다. 예전에는 게시글을 삭제할 때 계정이나 글이 삭제되는 일이 전부라서, 이용자는 글이 삭제된 사실을 바로 알 수 있었고 외부에서도 알 수 있었다. 예를 들어 하버드대학의 게리 킹Gary King 교수는 웨이보에 게시된 글을 대규모로 수집하고 그중에서 어떤 글이 삭제되었는지에 대한 사례를 수집해 중국 정부의 인터넷 검열이 무엇을 문제시하는지 분석할 수 있었다. 압도적으로 많이 삭제된 내용을 보면 당국이 무엇을 경계하고 있는지 드러났기 때문이다.

반면 글을 올린 본인조차 검열을 당했는지 알아차리지 못하는 검열이 바로 '보이지 않는 삭제'다. 글을 쓴 본인에게는 게시글이 평소와 똑같아 보이지만, 글을 열람하는 사람에게는 표시되지 않는 시스템이다. 그 밖에도 '리트윗 할 수 없다', '검색으로 표시되지 않는다', '추천글에 오르지 않는다'는 등 다양한 형태가 있다. 게시글 자체를 삭제하지는 않고, 글이 확산되어 인터넷상에서 논란을 불러일으키지 않도록 고안한 것이다. 따라서 '사람들이 별로 관심을 주지 않는 글이었나?' 하고 게시자 본인조차 통제받았다는 사실을 알아차리지 못한다.

사실 필자(다카구치)도 이러한 규제를 받은 적이 있다. 웨이보가 아니라 위챗을 사용할 때의 일이다. 중국에 거주하는 지인과 대화하다가 중국 소수민족 문제를 다룬 일본 기사를 전송했는데 반응이 없었다. 그래서 그저 그 사람이 무시했나 보다 생각했는데, "기사 잘 받으셨습니까?" 하고 연락했더니 못 받았다는 답변이 돌아왔다. 메신저 앱으로 대화하는 중에 답변이 없다거나 대화가 끊기는 경우는 늘 있는 일이라 평소에는 이상하게 생각하지 않았다. 그런데 그때는 왠지 느낌이 이상해 연락해서 다시 물어봤던 것인데, 어쩌면 눈치를 못 챘을 뿐 여러 차례 보이지 않는 검열을 받았는지도 모른다.

적발된 쪽을 적발하는 쪽으로

또 다른 방법으로는 '게임화'가 있다. 게임화란 게임의 요소를 다양한 영역에 적용하는 방법이다. 어떤 업무를 정하고 그것을 해결하면 포인트를 받고 레벨이 상승하거나 혹은 약간의 보수를 받는 식이 대표적이라고 할 수 있다.

지금은 일본 서비스가 종료되었지만 중국 최대 검색 사이트 바이두의 문서 공유 사이트 '바이두 문고百度文库' 일본판에는 공유한 문서의 수가 많으면 많을수록, 그리고 그 문서가 많이 읽히면 읽힐수록 이용자가 평사원에서 과장·부장 그리고 사장까지 승진하는 시스템이 도입되었다. 직함이 올라갔다고 해서 특별한 이익은 없지만, '승진'이 즐거워 열심히 문서를 공유한 사람도 어느 정도 있었을 것이다.

가장 광범위하게 보급돼 게임하는 '신용 점수'겠다. 3장에서 금융적 신용점수, 도덕적 신용점수를 소개했는데, 사실 신용점수는 중국의 다양한 IT 서비스에서 폭넓게 사용되고 있다. 가령 웨이보에는 양광阳光 신용점수와 신용점수 등 두 종류가 도입되어 있다.

양광 신용점수는 실명 인증을 했는지, 사용 빈도는 어떤지, 주목받는 글은 있는지, 교우 관계는 어떤지, 부적절한 발언은 없는지 등의 항목을 평가해 이용자의 신용도를 900점 만점으로 나타낸 것이다. 점수는 통계적으로 산출되는 즈마신용형이다. 이 양광 신용점수의 목적은 발신자가 얼마나 신용할 수 있는 인물인지 한눈에 판별할 수 있도록 하는 것이다. 점수를 보고 '글은 재미있어 보이지만, 양광 신용점수가 낮은 걸 보니 무책임한 말만 하는 이용자겠군' 하고 판별할 수 있도록 말이다. 다만 양광 신용점수는 인지도가 낮아 실제로 사용하는 이용자가 있다는 말을 들은 적이 없는데, 시스템을 만든 건 좋지만 아직 실효성은 부족한 상황인 듯하다.

한편 신용점수는 지방정부의 도덕적 신용점수와 비슷한 형태다. 80점부터 시작하는데 글이 엉터리라고 판단되면 5점이 깎인다. 75점 이하가 되면 '추천 유저'와 '추천글' 표시를 못 받고, 60점 이하로 떨어지면 팔로우나 리트윗되지 못하게 된다. 40점 이하가 되면 글이 다른 유저의 눈에 띄지 않게 된다. 즉, 강압적인 삭제와는 달리 유저 스스로가 자발적으로 검열하게 하는 구조다.

그런데 깎인 점수를 회복하는 방법이 매우 놀랍다. 보통 7일마다 1점씩 회복하는데, "조국을 열애하는 일을 영광으로 여기고为热爱祖

国感到光荣, 为危害祖国感到羞耻, 조국에 해를 끼치는 일을 수치로 여긴다
为服务人民感到光荣, 为背离人民感到羞耻”라는 문장을 말하면 7일의 회복 기
간을 하루 단축할 수 있다. '매일 1선每日一善 기능'이라고 하는데, 부
적절한 발언을 한 유저가 마음을 바꿔 프로파간다적인 글을 올리
도록 하는 시스템이다. 게다가 부적절한 발언을 찾아서 통보하면 1
점이 회복되는 시스템도 있다. 적발된 쪽을 적발하는 쪽으로 바꾸
는 것이다.

웨이보 외에 공유자전거를 운영하는 회사들도 신용점수를 이용
하고 있다. 일반적으로 점수가 내려가면 요금이 올라가고, 사용 금
지 벌칙이 주어진다. 또한 자전거를 세워두었을 때 사진을 촬영해
기업에게 보고하거나, 이상한 곳에 방치된 자전거를 발견해서 보고
하면 점수가 회복된다.

한편 택시호출 앱인 디디추싱에도 몇 가지 신용평가가 있다. 승
객이 운전사를 평가할 수 있고, 점수가 높은 운전사일수록 우선 일
을 받는 시스템이다. 마찬가지로 운전사도 승객을 평가할 수 있어,
평점이 낮은 승객은 택시를 잡기 어려워진다. 또한 택시가 아닌 일
반 운전자의 신용평가도 있다. 현재는 운영하지 않지만, 디디추싱
에는 '순펑처顺风车'라는 카풀 서비스가 있었다. 본래는 히치하이킹
과 같은 구상으로, 운전자가 목적지와 같은 방향으로 가는 사람을
태워 주고 돈을 받는 서비스인데, 실질적으로는 영업자 면허가 없
어도 택시 영업을 할 수 있는 서비스였다. 순펑처의 운전자에게는
점수가 매겨져 그 점수가 내려가면 디디추싱에 지급하는 수수료가

늘어나고, 끝내는 순평처 일을 할 수 없게 되었었다.

　점수를 통해 사람들을 바른 행동으로 유도하는 신용점수는 중국의 IT 서비스에서는 매우 일반적인 방법이다.

인터넷 여론 감시 시스템이란

　불가시화나 게임화와 함께 발전하고 있는 검열 방식으로는 '인터넷 여론 감시 시스템'이 있다. 웨이보나 인터넷 게시판, 검색 사이트 등을 감시하고, 어느 특정 주제를 다룬 글이 늘어나면 주의를 주는 시스템이다. 웨이보를 운영하는 시나Sina, 新浪, 위챗을 운영하는 텐센트, 대형 검색 사이트 바이두, 게다가 국영언론인 인민일보나 신화통신 등이 인터넷 여론 감시 시스템을 개발해 지방정부나 국영기업을 상대로 판매한다.

　이 여론 감시 서비스를 구매한 정부나 지방은 자신이 인터넷에서 큰 관심을 받는 대상이 되면, 반론이나 사과 혹은 언론 보도 규제나 자신의 주장을 전달하는 바람잡이를 동원하는 등의 방법으로 신속히 대응해서 초기 단계부터 논란을 가라앉히도록 노력하는 식으로 활용한다.

　불가시화나 게임화, 인터넷 여론 감시 시스템 등의 검열 방식은 기존 언론통제와는 달리 일반 이용자가 그 존재를 거의 느끼지 못하게 하거나, 혹은 인센티브를 부여해서 행동을 촉구하고 있다.

한편 중국 인터넷상에서 민주화 열기가 가라앉은 배경에는 검열 제도나 기술 외에 또 한 가지 중요한 문제가 있다. 바로 '인터넷의 대중화'다. 초창기 중국 인터넷에서는 정치나 사회문제가 가장 수요가 많은 주제였지만, 이는 보급 초기에는 인터넷 사용층 중 학생이나 소득이 높은 젊은 사업가가 많았고, 사회문제에 흥미가 있는 층과 겹쳤던 이유도 컸기 때문이었다.

논픽션 작가인 야스다 미네토시安田峰俊는《중국, 컴퓨터 대국의 거짓말中国·電脳大国の嘘》에서 인터넷의 헤비 유저층 외의 사람들에게는 정부에 대한 분노 등이 공유되지 않고, 일상생활이나 자신들의 취미가 주된 관심 분야라고 주장한다. 과거 인터넷 속의 사회참여적 목소리는 이른바 '시끄러운 소수파noisy minority'였다고도 말할 수 있는 것이다.

인터넷이 보급되던 초기에는 정치나 사회문제에 흥미가 있는 '소수자'가 활발히 발언해 인터넷 여론의 분위기를 형성하지만, 이용자 수가 늘어나면서 흥미와 관심은 넓어지고 소수자의 목소리는 묻힌다. 2018년 12월 말 시점에서 중국의 인터넷 유저는 8억 2천 9백만 명으로 전 국민의 59.6%에 달한다. 10년 전인 2008년에는 22.6%이었다. 아직 전 국민이 사용하는 수준과는 차이가 꽤 나지만, 전체 인구의 과반수를 넘었다. 그리고 현실 사회와 마찬가지로 인기 있는 주제는 역시 엔터테인먼트로, 즉 연예인 정보가 궁금해서 또는 스포츠나 TV 프로그램·영화 정보를 알기 위해 인터넷을 사용하고 있다. 이 현상은 중국뿐만 아니라, 일본이나 미국 등 세계 어느 나라에서든 마찬가지일 것이다.

　물론 평소 엔터테인먼트에만 관심이 있는 사람이라도 사회문제에 전혀 무관심하지는 않다. 약자가 부당한 대우를 받았다거나 자기 고향의 환경을 오염시킬 수 있는 공장이 지어진다는 등 분노를 불러일으킬 만한 뉴스를 보면 당연히 관심을 갖는다. 그래서 정부는 그러한 사태가 가능한 일어나지 않도록 미연에 통제한다.

　시진핑 정권이 시작되고 나서 등장한 말 중에 '긍정 에너지正能量'라는 표현이 있다. 인터넷에 부정적인 말이 아닌 긍정적인 말을 퍼뜨려 사회를 긍정적으로 바라보는 분위기를 유지하자는 의미다. 그러한 목적은 앞에서 말한 교묘한 수단을 사용해서 상당한 수준으로 달성한 듯하다.

　예전에는 사회문제를 비판하고 규탄하는 글로 가득했던 중국의 인터넷 공간이 현재는 엔터테인먼트를 중심으로 한 세계로 완전히 바뀌었다. 중국공산당의 입장에서 깨끗하고 바른 언론 세계, 게다가 인터넷 이용자 대부분이 자신이 유도당한 사실을 알아차리지 못하는 '긍정적인' 세계가 나타난 것이다.

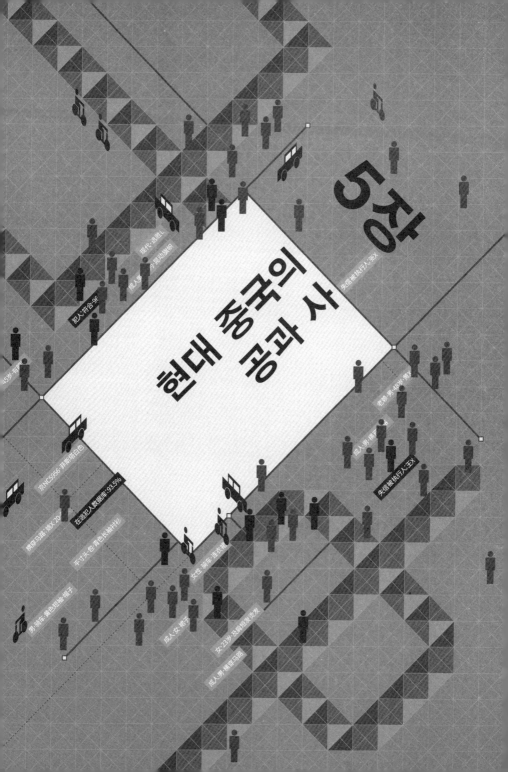

5장

현대 정당과 사회

현대 정당과 사회

감시사회화하는 중국과 시민사회

4장에서 살펴봤듯이 시진핑 정권하에서 시민의 자유로운 의견 표현은 정부의 교묘한 수법 때문에 철저히 억압되고 있다.

그렇다면 중국과 같은 권위적인 국가에서의 감시사회화는 역시 서구나 일본과는 전혀 다른, 끔찍한 디스토피아의 도래를 뜻하는 현상일까? 필자는 감시사회화 문제를 고찰하면서 사리사욕의 추구를 기반으로 성립하는 '시민사회(경제사회)'와 '공익·공공성'의 실현을 어떻게 양립시킬지를, 다시 말해 '시민적 공공성'을 깊게 논의하는 일이 매우 중요하다고 생각한다.

나중에 설명하겠지만, 지금까지 중국 사회의 근대화를 논할 때는 근대 서양에서 성립한 '법의 지배'나 보편적 인권·민주주의 같은 '보편 가치'를 기준으로 해서, 중국에 그 가치가 부재하거나 구현에 문제가 있다고 지적하는 게 일반적이었다.

예를 들어 (사익에 기반한) 민간 사회와 공적인 권력이 일체가 되어 '일반적인 규칙=법'이라는 공식을 성립시키고 양쪽이 그 규칙에 따라서 '법의 지배'에 근거한 통치가 이뤄지는 근대 서양에 비해, 중국 사회는 공적 영역과 사적 영역이 서로 동떨어졌기 때문에 근대 서양식의 통치가 이뤄지지 않는다, 따라서 두 영역 간의 괴리를 극복하는 일이 중국 사회의 근대적 발전을 이루는 데에 큰 과제다, 같은 식으로 논의되어 왔다.

그러나 기술에 의한 관리 및 감시사회화가 진전되면서, 근대 서양의 흐름을 이어받는 서양 여러 국가에서도 '시민적 공공성'의 기반이 흔들리는 것으로 보인다. 이 현상은 지금까지 중국 사회와 관련해 논의되어 온 '공적 영역과 사적 영역의 괴리를 극복하고, 변하지 않는 가치를 바탕으로 한 근대적 사회의 성립을 지향한다'는 과제가 이미 과거의 일이 되어간다는 뜻일까? 다시 말해 현대 중국 사회가 보이는 동향은 기술에 의한 관리 및 감시사회화의 첨단을 걷는 사례이기 때문에 다른 국가의 사회도 참고해야 할 과제를 던져주는 것일까?

이러한 문제의식을 바탕으로 이 장에서는 사람들의 경제적인 욕망을 해방시키고 정치적으로는 점점 더 권력이 강해지고 있는 시진핑 정권하의 중국을 '기술을 통한 통치와 시민사회'라는 관점에서 검토해 보려고 한다.

'제3 영역'으로서의 시민사회

'시민사회'라는 말은 미국을 포함한 서양 사회뿐만 아니라 일본과 같은 비서양권의 후발 자본주의 국가의 근대화를 논할 때 빼놓을 수 없는 개념이지만, 논자나 입장에 따라 사용법이나 어감이 다르기 때문에 혼란을 불러일으키기 쉽다.

그 이유는 지역 및 역사적 맥락에서 원래 다른 개념을 나타내던 각각의 용어를 오늘날 일본에서는 '시민사회'라는 말 하나로 통칭

하기 때문이다.

예를 들어 근대 시민혁명을 통해 성립했다는 자율적인 시민사회라고 해도, 한쪽에서는 '자유로운 경제사회(독일어의 die bürgerliche Gesellschaft)', 또 다른 한쪽에서는 '법 앞에서 평등'한 사람들이 정치에 참여하는 '공민사회公民社會(영어의 civil society)'라서 의미를 이중으로 갖고 있었다.

이 두 의미는 근대 서양 사회의 '시민'이 사익을 추구하는 자본주의 시장경제의 담당자(프랑스어의 bourgeois)임과 동시에, 국가 주권과의 관계에서는 여러 근대적 권리의 주체로서 더욱 추상적이고 인륜적인 이념을 추구하는 존재(프랑스어로 citoyen)이기도 한, 이중적인 존재였다는 점과 대응한다.

이에 더해 1990년대, 즉 냉전 종언 이후에는 NGO비정부단체나 NPO비영리단체 등 국가도 영리기업도 아닌 '제3(의 사회) 영역'에 속하는 민간단체나 혹은 그 활동 영역을 가리켜 '시민사회'라고 부르는 움직임이 주류가 되었다. 즉, 서양 사회에 그 기원을 두는 적어도 세 개의 다른 개념에 '시민사회'라는 용어를 똑같이 붙이는 일이 일본에서는 관례가 되어버린 것이다.

이 현상이 일본의 시민사회론에 어떠한 선입견을 초래했는지는 나중에 말하기로 하고, 그 전에 마지막에 예로 든 '제3 영역'으로서의 '시민사회' 개념을 잠시 보충 설명한다. '시민사회'라는 용어의 의미가 크게 변화한 시기는 1989년 베를린 장벽이 붕괴하고 사회주의와 자유주의 진영 사이의 냉전 구조가 무너진 이후다. 노동자의 빈민화를 불러오는 '자유로운 경제사회'로서 시민사회가 가지는 모순은 사회주의 체제하에서는 시작부터 해결되는 듯했다. 하지만 실제로는 관료 지배나 언론 억압, 생산 정체 등 여러 가지 문제가 발생하는 점이 소련이나 동유럽 사회주의 체제하에서 확실히 드러났다. 때문에 사회주의 구체제 타파에 앞장선 사람들이 '시민사회'라는 용어를 '공민사회'도 '경제사회'도 아닌 제3의 의미로 이용하기 시작했다.

　그러한 움직임을 새로운 이론으로 정리한 사람이 서독 출신의 사상가 위르겐 하버마스Jürgen Habermas였다. 하버마스는 자율적인 개인이 주체적으로 참여해 구성하는 '공민사회'에서 대기업이나 관료 시스템의 지배를 받는 몰인격적인 대중사회로 사회가 전환하는 가운데, '시민적 공공성'을 어떻게 유지할 것인가 하는 절실한 문제의식에서 대표작《공론장의 구조 변동Strukturwandel der Öffentlichkeit》을 썼다. 하버마스가 베를린 장벽 붕괴라는 현실에 직면하고 영어의 civil society, 즉 '시민사회(공민사회)'의 번역어로 사용하기 시작한 단어가 'Zivilgesellschaft'였다.[11] 이 단어는 1990년에 출간된 영문판 서문에 등장한 표현에 따르면, 다음과 같은 성격의 말이다.

　'시민사회'에서 제도적 핵심을 이루는 것은 자유로운 의사를 바탕으로 하는 비국가적, 비경제적인 결합 관계다. 몇 가지 예를 순서 없이 들면, 교회, 문화적 서클, 학술 단체를 비롯한 독립된 미디어, 스포츠 단체, 레크리에이션 단체, 변론 클럽, 시민 포럼, 시민운동이 있고, 나아가 동

업조합, 정당, 노동조합, 대안 시설에까지 이른다.[12]

하버마스의 이론을 발단으로 냉전 종언 이후 공민사회(국가)도 경제사회(시장, 기업)도 아닌, '제3 영역'에서의 민간 조직과 운동으로 시민사회(NGO 등의 시민단체)를 인식하려는 입장이 정치학·경제학·사회학 등의 사회과학에서도 급속히 퍼지고, 현재 시민사회론의 주류를 차지하게 되었다. 이 책에서는 앞으로 혼란을 피하기 위해 이 제3의 의미에서 바라본 시민사회를 '시민사회(단체)'로 표기하기로 한다.

현대 중국 시민사회에 대한 논의

이렇게 '제3 영역'의 조직과 운동으로 '시민사회(단체)'를 인식하는 자세는 일본이나 중국을 포함한 아시아 여러 국가에서도 급속히 퍼져갔다.

그 결과, 중국처럼 꼭 서양 기준의 민주제를 택하지는 않는 권위주의 체제 국가에서도 '제3 영역'으로서의 '시민사회(단체)'가 존재하고, 사회적 의의를 어느 정도 가진다는 입장에 선 논의가 갈수록 늘어났다.

그 배경에는 국가와 깊이 연결되어 영역이 한정된 기존 시민사회 개념 대신에, 수평적이고 국경을 넘나드는 글로벌 네트워크를 구축하는 데 중심 역할을 담당하는 부분('글로벌 시민사회'라는 표현으로 대표되는 것)으로 NGO 등의 '시민사회(단체)'의 역할을 재평가하는 조류가 나타나기 시작한 점을 들 수 있다.

이러한 흐름 속에 자리매김하고 있는 대표적인 중국론으로는 2012년에 일본에서 출간된 리옌옌李妍焱의 저서《중국의 시민사회— 움직이기 시작하는 풀뿌리 NGO中国の市民社会—動き出す草の根NGO》가 있다. 중국에서 실제로 활약하고 있는 여러 NGO, 예를 들어 환경 문제에 대처하는 NGO나 농촌에서 돈을 벌기 위해 도시로 유입된 하층민들을 지원하는 NGO 등의 활동을 일본 독자들에게 소개한 책이다.

이 책의 저자 리옌옌에 따르면, "시민사회는 결코 시민사회의 전통을 가지는 서양의 여러 국가, 혹은 국가권력의 상대화를 추구하는 민주주의 제도의 '특허 영역'이 아니다. 시민사회의 전통이 없는 국가도, 사회주의를 표방하는 국가도, 국가가 공공의 모든 문제를 통제할 수는 없는 이상, 시민사회의 존재가 현실적으로 가능해진다"13라고 한다.

한편 중국과 같은 권위주의 국가의 '시민사회(단체)'란 결국 '권력에 순종'하는 것으로, 하버마스의 구상대로 '공공적인 토론'에 참가해 '여론을 형성'하는 측면은 약하지 않나 하는 비판이 있다.

예를 들어 중국법 전문가인 스즈키 겐鈴木賢은 다음과 같이 지적한다. "중국의 사회조직 법률과 제도는 대체적으로 엄격한 제어(억제)주의와 일정 정도의 방임주의를 특징으로 한다고 말할 수 있지만, 정치적·사회적 안정을 우선 고려해 사회조직의 발전을 가능한 억제하는 것을 기조로 삼았다. 당국黨國(정권당과 국가가 일체화한 사회주의 특유의 체제)은 당국이 통제할 수 없는 '사회'의 성장에 강한 경계심을 품고, 그 세력의 확대를 두려워하는 것으로 보인다.", "당국은 당국을 절대 거스르지 않고, 말을 잘 알아듣고 협력적이며 이용 가치가 높은 사회조직만을 육성하려고 한다."[14]

또한 쓰지나카 유타카辻中豊 등도 "현 상황에서 중국의 시민사회 조직에 허용된 활동 공간은 한정적이라고 말할 수밖에 없다"라고 지적한다. 또한 중국공산당 제16기 중앙위원회 제6회 전체회의(2006년 10월)에서 '민간조직' 대신에 '사회조직'이란 새로운 개념이 등장한 점에 주목하고 있다. 왜냐하면 "이러한 명칭 변화는 '민간'이란 말에 내포된 '주체성과 에너지'를 부정하고, 단체가 중국공산당이 이끄는 '사회건설'에 공헌하도록 재정의하는 움직임"이었기 때문이다.[15]

정리하자면 중국공산당은 NGO 등의 '시민사회(단체)'를 공산당이 이끄는 대로 힘써 따라가는 존재로 간주하거나 혹은 그럴 것으로 보이는 '시민사회(단체)'만 존재하도록 허용하고 있지 않나 싶다. 이 부분은 중국에서 '농민공(농촌에서 돈을 벌기 위해 도시로 나간 노동자)'으로 대표되는 하층 노동자의 권리를 옹호하는 역할을 해오던 노동 NGO가 새로이 처한 심각한 상황을 보면 쉽게 알 수 있을 것이다.

중국, 특히 저임금 농민공이 많은 주장珠江강 삼각주 지역 등에서는 NGO가 노사 분쟁 해결에 지금까지 큰 역할을 해왔다. 이는 중국에서 노동조합에 해당하는 '공회工会, 궁후이'가 기본적으로 공산당의 조수로서 그 노동정책을 유지하는 존재였고, 노동자들은 공회를 자신들의 이익을 대표하는 조직으로 여기고 있지 않았다는 점을 방증하고 있다.

공회는 그 전국 조직인 중화전국총공회中华全国总工会의 규약(2008년 개정)에 "중국공산당이 지도하는 노동자가 스스로 결성하는 노동자 계급의 대중 조직으로, 당과 노동자를 잇는 다리와 허리띠이자, 국가 정권의 중요한 기둥"이라고 정의되듯이, 공산당의 '조수'로서 노동정책을 지지하는 역할을 해왔다. 노사 간 분쟁이 발생했을 때도 공회의 자세는 고용자와 비고용자 양측의 입장을 배려해야만 해, 노동자들은 공회가 자신들의 이익을 대표한다고는 생각하지는 않았다.

때문에 주장강 삼각주 지역의 경제 발전을 지탱해 온 농민공 등의 비정규 노동자들이 처한 심각한 노동환경을 개선하는 일은, 오로지 홍콩이나 해외와 연결된 노동 NGO들이 담당해 왔다. 이들 노동 NGO는 노동자에게 법률 지원을 하거나 노사 간의 분쟁을 중재하는 등, 공회의 기능을 보완했기 때문에 정부도 기본적으로 NGO의 활동을 묵인해 왔다.

그러나 체제 안정에 불안 요소인 농민공의 동향에 당과 정부가 최근 민감하게 대응하게 된 결과, 노동 NGO는 연이어 강제 폐쇄를 당하는 등의 힘든 상황에 놓이게 되었다. 2015년 12월에는 광둥성 광저우시와 포산시에서 노동쟁의 등을 해결해 온 노동 NGO의 간부 10여 명이 횡령이나 사회질서 교란 혐의로 당국에 구속 및 체포되는 사건이 일어났다.

주어진 미해결 문제

중국의 '시민사회(단체)'를 둘러싼 이러한 상황을 향한 비판에 대해 리옌옌은 저명한 중국사상사 연구가 미조구치 유조溝口雄三와의 논의를 최근 저서에서 소개하면서, 중국의 시민사회에서 '공공성'의 개념으로 '천리天理'로 대표되는 유교 사상이 중요한 역할을 했다고 말한다. 즉, "중국의 공公 개념에는 천天의 개념이 짙게 침투해 있는데 이는 과거의 천리인 '만민의 균등한 삶'이라는 절대 원리에 근거한다. 정부도, 국가도, 사회도 모두 천리를 벗어나서는 안 된다", "국가든 시민사회든 공공성을 책임지는 존재로서의 정당성은 그저 주어지는 게 아니라, '천리에 맞음'으로써 담보된다. 천리에 맞는 역할을 보여주지 않으면 공공성을 책임질 자격(권위)을 인정받을 수 없다"[16]라는 것이다.

현대 중국 사회에서는 빈부격차 심화나 대기오염 등의 공해 문제, 공직자 비리의 만연 등과 같은 현상을 '사람들이 사리사욕을 추구한 나머지 공적인 것(공공성)을 소홀히 한 결과'라는 식으로 자주 지적해 왔다. 또한 시진핑 정권이 대대적으로 실행하는 반부패 운동이 상징하듯이, 중국공산당은 중국 사회에 공공성이라는 족쇄를 채우기 위해 '영도권'을 통해 적극적으로 개입하고 있다.

3장에서 몇 번 언급한 바 있는 '사회신용시스템 건설계획 강요' 문서에는 사회신용시스템을 실시하며 "전통적 미덕이 내재된 상호 신뢰 문화 이념을 수립한다"라는 등, 개인의 어떤 사회적 행동이 '도덕적'인지 아닌지를 평가하고 '비도덕적인 행위'는 형벌보다는 완만한 사회적 제재를 가하겠다는 중국공산당의 자세가 명확히 드러나 있다.

이러한 캠페인이나 정책이 비록 가혹한 면이 있지만 사람들에게 널리 지지를 받는 이유는, 한계를 넘어선 '사리사욕'의 추구가 횡행하는 현대 사회에서 어떤 식으로든 '공공성'을 실현하기 위해서는 당의 권력에 의존할 수밖에 없다고 많은 사람들이 생각하기 때문이 아닐까?

물론 천리라는 전통 개념을 통해 '시민사회(단체)'의 정당성을 찾으려는 시도 자체가, 중국 같은 비서양 사회에서 사익을 기반으로 공공성을 설정하는 일의 어려움을 말해주는 것 같다. 그러나 중국에서 '공공성'이란 개념이 '천리' 개념으로 대표되는 유교 사상으로 뒷받침된다면−뒤에서 설명할 일본의 '시민사회파 마르크스주의자'들이 일본 사회를 대상으로 지적했듯이−사회의 근대화가 '개인'을 확립한 자립적인 시민들에 의해 유지되지 않았다는 문제가 그대로 중국 사회에도 적용된다고 생각할 수 있다. 다시 말해 경제가 발전해 해방된 '사리사욕'의 추구와 '공익'의 양립을 어떻게 사회에서 실

현할 것인가 하는, 근대 유럽에서 발생했던 과제가 아직 해결되지
못한 채 중국 사회에 주어진 것이다.

아시아 사회와 시민사회론

'시민사회'를 둘러싼 문제를 다루기 매우 어려운 곳은 중국뿐만
이 아니다. 일본에서도 이 용어를 사회 변혁과 어떻게 연결해야 할
지를 둘러싸고 활발한 논쟁이 펼쳐졌다.

그 이유 중 하나는 이번 장의 첫머리에서 말했듯이, 지역 및 역사
적 맥락에서 처음부터 다른 개념을 나타내던 별개의 용어들을 오
늘날 일본에서는 '시민사회'라는 한 단어로 통틀어 쓰고 있기 때문
이다. 또한 그러한 혼용은 일본의 사회과학이 발전하는 과정에서
마르크스주의가 큰 역할을 해서 시민사회 개념이 독특한 선입견과
함께 받아들여진 상황과 깊게 연관되어, 더욱 특이한 양상으로 복
잡해졌다.

이와 관련해 먼저 1930년대 중반에 벌어진 '일본 자본주의 논쟁'
을 되돌아보자. 전쟁 전후에 걸쳐 일본 공산당에서 주류를 형성한
'강좌파講座派 마르크스주의'는 일본의 현 상황을 '봉건적인 전근대
성'이 남아 있어 근대 자본주의의 보편적인 발전 방향에서 일탈한
것으로 파악했다. 때문에 자본주의의 정상적인 발전과 미래의 사회
주의 혁명을 실현하기 위해 일본 사회에 남은 전근대성(봉건제도)

을 없애겠다는 목표를 세웠다.

그 전제로 강좌파는 일본에는 일본만의 특수한 '자본주의 사회'는 존재하지만, 공민사회(civil society)든 자유로운 경제사회(die bürgerliche Gesellschaft)든 유럽적인 '시민사회'는 아직 존재하지 않는다는 특유의 인식을 가지고 있었다. 따라서 강좌파에게 당면한 변혁 과제는 '부르주아 민주주의 혁명'을 통해 유럽적인 '시민사회'를 실현하는 일이고, 사회주의 혁명은 그다음에야 할 일이었다(2단계 혁명론).

반면 일본 사회에도 보편적인 자본주의 논리가 관철되어 왔다고 주장하며, 강좌파의 '2단계 혁명론'을 비판한 세력이 '노농파勞農派' 논객이었다. 양자 간에 벌어진 '일본 자본주의 논쟁'은 지금 보면 단지 좌익 진영 내의 노선 대립이 아니었다. '일본 등 아시아의 후진국은 서양과 비슷하게 보편적인 근대화의 길을 밟을 것인가, 그렇지 않으면 독자적인 근대화의 길을 걸을 것인가'라는, 사회과학상의 큰 과제를 둘러싼 논쟁이기도 했다.

그런데 강좌파처럼 일본 사회를 비판적으로 바라보는 기준으로서의 '시민사회', 즉 서구적인 근대 사회를 상정하는 자세는 전후 사회과학자들에게도 이어졌다. 유럽의 자본주의 발전이 '자유·평등·자립적 개인' 이념을 가진 '시민사회'를 낳은 것과 달리, 일본의 근대화는 자발적인 민중 대신 국가가 주도해 '위로부터' 행해졌기 때문에 아직 충분히 성숙한 시민사회가 성립되지 않았다는 주장이 우치다 요시히코內田義彦, 히라타 기요아키平田清明 등 '시민사회파 마르크스주의'로 불리던 지식인들 사이에서 나오게 된 것이다.

이 시민사회파에 의해 시민사회라는 개념은 '사람들이 서로 존중하고 이성에 근거한 대등한 대화를 통해 공공의 문제를 자주적으로 해결하려는 사회', 즉 '지향해야 할 바른 사회'라고 부를 만한 규범 같은 뉘앙스를 띠게 된다.

시민사회파의 논의에서 또 하나의 특징은 국가와 시민사회를 대립적으로 파악하려는 자세다. 시민사회파에게는 메이지유신 이후 일본의 근대화가 국가 주도의 '위로부터의 자본주의화'로서 이뤄졌기 때문에, 애덤 스미스Adam Smith가 이념형으로 나타낸 '기업가에 의한 아래로부터의 근대화'를 통한 시민사회 형성이 저해되었다는 문제의식이 있었다.

그 문제의식의 배경에는 일본이 미국과 영국에 무모한 전쟁을 벌여 멸사봉공의 총동원 체제로 치달았던 과거를 절실히 반성했다는 점을 지적할 수도 있을 것이다. 예를 들어 시민사회파 마르크스주의의 대표적 논객 중 한 사람인 히라타 기요아키는 《시민사회와 사회주의市民社会と社会主義》에서 이렇게 말하고 있다.

일본을 포함한 아시아에서는 개체의 긍정적 이해가 성립하지 않는다. 개체는 공동체에 자기를 합치거나(멸사봉공), 그렇지 않으면 자기가 사적 이익의 추구에 급급한 인간(이기주의)이거나, 둘 중의 한쪽이다.[17]

즉, 아시아적인 요소가 일본의 시민사회 형성에 큰 장애가 되기 때문에 타파하는 일이 중요하다고 주장했던 것이다. 이는 천황제를 비롯해서 전쟁 전의 봉건적인 구제도를 타파하지 않으면 제대로 된 자본주의가 등장할 수 없다는, 강좌파 마르크스주의의 문제의식과도 이어진다.

다만 이러한 주장들은 최근에는 정면으로 전개하기 어려워졌다. 그 이유 중 하나는 "일본은 아시아이기 때문에 ○○이다"라는 주장이 본질주의적인 문화결정론이라는 비판을 받게 된 점을 들 수 있다. 또 하나는 이미 말했듯이, 1990년대 이후 하버마스의 영향으로 '시민사회(단체)'가 제3의 사회 영역으로서 정의되자, 당연히 아시아에도 NGO는 있으니까 "아시아에 시민사회는 존재하지 않는다" 식의 주장은 말이 안 된다고 비판받기 때문이다. 아시아에 시민사회가 존재하지 않는다는 말은 점점 시대착오적일 뿐만 아니라 정치적으로도 옳지 않다는 꼬리표를 달게 되었다.

아시아 사회 특유의 문제

확실히 '시민사회'라는 말을 NGO나 부르주아 사회 등 어떤 실체를 가진 개념으로 규정하고 시민사회가 아시아에는 존재하지 않는다는 식으로 주장한다면, 그 주장에 대단히 위화감을 느낄 수밖에 없다.

그렇지만 필자는 '제3 영역'으로서의 시민사회론으로는 제대로 파악할 수 없는, 아시아 사회 특유의 시민사회 문제는 역시 존재한다고 생각한다. 다만 그 문제는 어떤 실체로 존재한다기보다 '국가'와 '민간'의 관계성, '공공성'과 '사익'의 관계성 등에 주목하면서 역사적인 배경에서 새롭게 파악해야 비로소 보인다고 말하는 편이 좋겠다.

가령 사람들의 사익의 기반 위에서 공공성을 세우는 일이 근대 서양에서 이어져 온 시민사회, 혹은 더 적절한 용어로 '시민적 공공성'의 근본 과제라고 한다면, 중국을 포함한 아시아 사회에서는 그 과제를 실현하기가 (서양 사회보다) 대단히 어렵다는 점에 지금까지 중국 사회가 안고 있는 문제가 집약되지 않았나 싶다.

그 전형적인 사례로 시진핑 정권 이후부터 대대적으로 펼쳐진 반부패 운동을 꼽을 수 있다. 4장에서도 소개했듯이, 사익을 탐하는 관리나 정치가를 시진핑 주석이 공산당의 규율 위원회를 통해 엄격히 단속해서 공공성을 실현하는 정치적 캠페인 말이다. 이러한 일련의 움직임에서 매우 특이한 점은 반부패 운동으로 실현되는 공공성이 어디까지나 사익과 동떨어져 있고, 나아가 사익을 부정한다는 것이다. 그 배경에는 중국공산당이야말로 민의라는 '천리'를 구체적으로 실현한 존재라는, 유교적 도덕과 통하는 통치관이 자리 잡고 있다.

반면 시민사회과 마르크스주의의 바탕이 되는 헤겔이나 마르크스의 시민사회 논의에는, 개개의 시민이 사익을 서로 추구하는 가운데 발생하는 대립을 억제하고 국가나 어소시에이션association(자유로운 시민들이 공통의 관심이나 목적에 따라 설립한 십난) 능을 만들어야 한다는 문제의식이 있다. 즉, 중국과 같은 아시아 사회와는 확실히 대조되는 서양 사회의 특징은 사익을 부정적인 대상으로만 보는 게 아니라, 그 기반 위에 공공적인 것을 세우는 데에 있다.

공론으로서의 법과 규칙으로서의 법

중국 사회에서는 공적인 것과 사적인 것이 동떨어져 있기 쉽다는 등의 주장은 필자가 즉흥적으로 하는 말이 절대 아니다. 중국사 연구에서는 예로부터 여러 번 논의되어 온 주장이다.

대표적인 논의를 몇 가지 살펴본다. 하나는 명청 시대의 중국 법제사 전문가인 데라다 히로아키寺田浩明의 주장이다. 데라다는 자신의 연구를 집대성한《중국법제사中国法制史》에서 중국의 법 개념은 '공론公論으로서의 법'으로 규정할 수 있다고 말한다.

'공론으로서의 법'이란 서양에서 기원한 '규칙으로서의 법'에 대비되는 형태로 이해할 수 있다. '규칙으로서의 법'은 보편적인 규칙이 추상적인 형태로 존재하고, 그 규칙이 개별 안건에 강제로 적용되는 식의 구조로 짜여 있다. 법질서가 보편적 규칙에 따라 형성되는 과정이 '규칙으로서의 법'의 특징이다.

그에 비해 '공론으로서의 법'은 어디까지나 개별 안건에서 '공평한 재판'을 실현해 가는 것을 중시한다. 여기서 말하는 '공평한 재판'이란 안건마다 다른 개별적인 사정이나 사회 정세를 고려한 후에 비로소 실현하는 재판이다. 따라서 그러한 사정과 정세를 고려하지 않고 기계적으로 '규칙=법'을 적용하는 일은 오히려 부정해야 할 대상이다. 그렇기 때문에 '공론으로서의 법'에서 '공평한 재판'을 실현할 수 있는 주체는 교양 있고 인격적으로도 훌륭한 소수뿐이라는 식이다.

한편 《중국법제사》에서 흥미로운 점은 이러한 '법'이 사회에 차지하는 자리에서 생기는, 서양 혹은 일본과는 다른 중국 사회의 다양한 특질도 자세히 고찰하며 분석하고 있다는 것이다. 가령 그 저서에서 데라다는 중국 전통사회의 사회질서는 어디까지나 경제 이익에 따라 유지되어 온 개별적인 계약 관계의 '묶음束'에서 형성되기 때문에, 굳세고 튼튼한 단체적 연결이 부족한 '추렴형 질서'라고 말한다.

이는 일찍이 서양과 일본의 전통적인 농촌사회에 존재했던, 유대가 견고한 '촌락공동체'의 모습이 중국 전통 농촌사회에는 존재하지 않았다는 점에서 비롯한다. 개별적인 계약 관계를 '각자가 가지고 추렴함'으로써 질서가 유지되는 사회의 모습은, 분명 '법'이 별개의 사정과 사회 정세를 넘어선 '보편적인 규칙'으로서 기능하지 않는, '공론으로서의 법'의 모습과 비슷하다.

공권력과 사회의 관계성

'공론으로서의 법' 사회에서는 공권력과 사회의 관계도 서양 사회와는 다를 수밖에 없다. 다시 말해 서양 사회에서는 사회 안에 있는 규칙성을 시민들이 스스로 뽑아내 명문화하고, 권력이 이를 시민이 따라야 할 규범으로 재정립하는 일련의 과정에서 권력의 정당성을 찾을 수 있었다. 그에 비해서 법질서를 어디까지나 '각자의 개별적 안건'으로 처리하고 공평성의 근거도 '공평하고 덕을 지닌 성인'이라는 개별적이고 속인적인 존재에 두고 있는 중국 사회에서는, 서양 사회와 같은 '치자治者와 피치자被治者의 일체성'은 성립할 수가 없다.

물론 명청 시대의 법제사에 대한 데라다의 주장을 현대 중국 사회에 직접 적용하는 일은 신중해야 할 것이다. 그렇지만 현대 중국의 정치나 경제의 움직임을 생각할 때 시사하는 바가 있다는 점은 틀림없다. 왜냐하면 앞서 말한 시진핑 정권의 반부패 운동에서 볼 수 있듯이, '사익만을 추구하는 사람들을 높은 덕을 가진 통치자가 어떻게 올바로 이끌어갈 것인가' 하는 문제의식은 현대 중국 사회에서도 여전히 널리 공유되기 때문이다.

같은 내용을 다른 관점에서 서술한 사람은 역시 전근대 중국 사회에 대한 연구를 바탕으로 요즘 정력적으로 저작을 발표하고 있는 오카모토 다카시岡本隆司다. 오카모토는 최근 출간한 저서 《세계사 서설─아시아사에서 바라보다世界史序説─アジア史から一望する》에서,

서양식 지배의 특징을 '군주와 백성이 일체화한다'는 점에서 찾고, 아시아에서는 군주와 백성이 서양 사회와 같이 일체가 되는 구조가 없었으며 그러한 통치체제도 잘 형성되지 않았다는 주장을 펼치고 있다.

즉, 아시아에서는 생태계가 다양하고, "(정치·경제를 각각 다원적인 주체가 책임지고 있기 때문에) 전체를 곧 일체一體로 환원할 수 없으며, 전체를 다스리는 법률과 제도도 존재할 수 없다. 엄밀한 의미에서 관민일체官民一體의 '법의 지배'가 기능하지 못하는 것이다"[18]라는 것이다.

이 주장은 민속학자 우메사오 다다오梅棹忠夫가 주장한 생태사관적 사고방식문명도 생태계처럼 자연 조건에 따라 달리 발전한다는 관점에 기초한다.《세계사 서설》의 논의는 근대의 세계경제는 "무역·금융과 생산을 일체화하고 나아가 그것을 정치·군사와 일체화한 구조체이며, 그 핵심에 군신君臣·관민官民을 일체화하는 '법의 지배'가 존재"[19]하는 법치국가 시스템을 만든 서구에서 출현할 수밖에 없었다는 결론으로 이어진다.

조금 전 아시아의 시민사회에 대해 논의할 때 어떤 특정한 실체, 즉 NGO 등에 주목하지 않고 '공'과 '사' 혹은 '국가'와 '민간'의 관계성에 주목해야 한다고 말했다. 다시 말해, '설령 허상이라도 군신·관민의 일체화를 전제로 한 통치가 실현되는가, 혹은 그렇지 않은가'의 문제다. 이는 사회의 '공정함'을 실현하는 규칙이 어떤 형태로 추상화되고, 그 결과 민간 활동의 통제뿐만 아니라 권력 자체를

속박하는 구조가 실현되어 있는지와도 바로 관련된 중요한 문제가
아닐까.

두 개의 민주 개념

그렇다면 중국에서 국가와 민간이 일치된 통치가 제 기능을 하지
않는 문제는 중국 사회의 '민주화'를 논하기가 어려운 점과도 직접
적으로 연결된다. 이는 중국에서 '민주'라는 말이 '정치적 권리의 평
등'과 동시에 '경제적 평등'도 의미하는 이중성을 항상 수반해 왔다
는 점과 관련이 있다.

대략적으로 말해 서구 근대 사상에 기원을 둔 정치적 권리의 평
등과 권력의 분산을 의미하는 민주화(이하 '민주 I')의 요구와, 중국
의 전통 사상에 기원을 둔 경제적 평등화 및 온정주의적 독재 권력
에 의한 평등화 실현을 의미하는 민주화(이하 '민주 II')의 요구가 항
상 존재했다(표 5-1 참조).

종류	요구층	요구하는 것	권력에 대한 자세
민주 I	좌파(자유주의자)	정치적 권리의 평등	권력 억제, '법의 지배'를 지향
민주 II	우파(국가주의자)	경제적 평등	강한 권력에 의한 온정주의를 지향

표5-1 | 중국의 두 민주주의 (필자 작성)

그 배경이 되는 '경제적 평등화'를 요구하는 사상은, '민의'를 전통적인 '천리' 혹은 '천하' 등의 개념으로 대신한, 말하자면 '민주'에 대한 중국의 독자적인 이해를 바탕으로 유지되어 왔다는 점이 중요하다.

먼저 '민주 I'을 정리해 보자. 19세기 프랑스 사상가 알렉시 드 토크빌Alexis de Tocqueville은 사람들이 낡은 신분제도에서 해방되어 '같은 권리를 가진 인간'으로 취급받는, 즉 정치적 권리의 '평등화'에서 근대 이후 민주사회의 본질을 찾았다. 프랑스 정치사상사 전문가인 우노 시게키宇野重規는 토크빌이 말하는 '평등화'를, 그때까지는 '다른 종류의 인간'으로 여겨졌던 사람도 근대화로 인해 '같은 인간'의 범주에 들어오는 것, 즉 사람들의 '상상력의 변용'을 동반하는 변화였다고 설명한다.

기존에는 정치의 결정 과정에서 배제되었던 사람들이 "우리도 정치에 참여하게 해달라"라고 행동을 취하면서, 정부도 상대를 일방적인 권력 행사 대상이 아니라 '같은 인간'으로 간주하고 행동할 수밖에 없게 된 것이다.

한편 '민주 II'는 어떨까? 2012년에는 센카쿠 열도 분쟁을 둘러싸고 중일 간의 마찰이 심각해지는 가운데, 농촌 출신의 이주 노동자(농민공)를 중심으로 마오쩌둥의 초상을 내걸며 반일 데모와 폭동에 참가하는 광경을 볼 수 있었다. 그러한 모습에는 자신들이 직면한 불평등에 대한 불만, 즉 경제적 평등의 실현을 바라는 '민주 II'를 향한 지향이 명확히 존재했다고 말할 수 있을 것이다.

그 밖에도 주민의 정치적 참여를 제도화하지 않은 중국 대륙(특히 농촌 지역)에서는 정부에 대한 불만을 표명하는 수단으로 이른바 '상팡上訪'이나 '신팡信訪' 같이 상위 정부를 대상으로 한 진정과, '군체성 사건群体性事件'으로 불리는 직접적인 집회 활동이 자주 발생하고 있다. 최근 화제가 된 군체성 사건으로는 농지 개발의 이익 배분을 둘러싸고 말단 지방정부와 마을 주민이 서로 대립하던 중, 정부 간부가 내린 결정의 위법성을 두고 집단으로 소송을 제기한 마을 주민과 무장 경찰이 충돌해 많은 부상자가 발생한 광둥성 우칸 마을의 사례 등이 있다(4장 참조).

여기서 주의할 점은 이러한 경제면의 '평등화'와 토크빌이 강조한 정치적 권리의 '평등화'는 특히 권력과의 관계에서 반대 방향의 힘이 작용한다는 것이다.

따라서 단적으로 말하면, 중국 사회에서는 때때로 후자인 '정치적 권리의 평등'을 요구하는 입장(자유주의자)이 전자인 '경제적 평등화'를 요구하는 목소리에 묻혀버리거나 혹은 정권의 명백한 탄압을 받는 상황이 발생해 왔다.

경제면의 '평등화' 즉, 재분배를 위해서는 큰 국가권력의 개입이 필요하다. 때문에 경제적 평등화에 대한 요구는 국가권력을 제한하는 쪽이 아니라 오히려 온정주의를 용인하고 강화하는 쪽으로 향하기 쉽다. 앞에서 말했듯이 군체성 사건이라고 불리는 직접적인 집회나 진정이 종종 정치적 지위가 높은 '자비로운 지도자를 향한 호소' 형태를 띠는 점은 바로 그러한 사실을 상징하는 현상이다.

생민의 생존권 요구를 따라서

그렇다면 '민주Ⅱ'의 주체로 상정되는 존재는 근대적인 시민사회의 시민이라기보다는 '생존을 하늘에 의지하는 백성'이라는 의미인 '생민生民'이라는 표현이 적절할지도 모른다.

미조구치 유조에 따르면, 생민들의 생존권이 치우침 없이 충족된 상태를 중시하는 사상은 '소수자의 전제專制(=나)'와 '다수자의 이익(=공, 천하)'을 대비해 후자를 선善으로 간주하는 사상과 맞물려 전통 중국 사회에 폭넓게 남아 있다. 조금 전 경제적 평등을 원하는 사상이 '민의'를 '천리' 등의 개념으로 대체하는 중국의 독자적인 '민주'에 의해 유지되었다고 말한 이유는 바로 그 의미에서다.

또한 미조구치는 '생민의 생존권(생민권)'의 실현을 중시하는 사상은—신해혁명에서 문화대혁명에 이르는—근대 이후 중국 사회의 급진적인 사회 변동의 원동력이 되었다고 말한다. 다시 말해 "중국의 생민권은 개인의 사유재산권을 이치에 맞게 확립하기보다는 억압하는 방향으로 움직였다", "생민권은 빈부의 차를 없앤다는 경제적 평등을 향해 발전하고, 민생주의라는 독자적인 사상을 만들어냈다. 또한 정치적으로는 부르주아적 자유를 부정하는 프롤레타리아 독재의 공식을 정착시키기 위한 전통적 토양이 되기도 했다"20라는 것이다.

현재까지도 중국 사회의 '민주화'가 경제적 평등화의 실현을 내건 '민주Ⅱ'에 확실히 치우쳐 있어 자칫하면 보편적인 인권(특히 자유권)의 보장을 소홀히 하기 쉬운 상황도, 중국 사회에 그러한 전통적 가치관이 지금도 남은 점을 전제해야 비로소 이해할 수 있는 현상이 아닐까.

감시사회의 공과 사

지금까지 살펴본 바와 같이 공과 사, 혹은 국가와 민간의 관계에 주목해야 한다는 시각은 이 책의 주제인 중국의 감시사회화를 생각할 때도 빠질 수 없는 논점을 제공한다.

3장에서 설명한, '시민이 정부의 감시를 감시하는' 일이 중요하다는 최근의 감시사회론은 국가권력에 처음부터 '민의'가 반영된 대의민주제를 전제하고 있다. 그러나 그러한 공공과 시민의 일체화가 어려운 특성이 중국 사회가 가진 특징이란 점을 이 5장에서 살펴보았다.

물론 중국에서 나타나는 감시사회화를 서양이나 일본과는 완전히 다른 무시무시한 디스토피아의 도래로 '타자화'해 버리는 맹목적인 자세는 엄중히 삼가야 할 것이다. 프라이버시보다 편리성·안정성을 더 우선시하는 공리주의적 자세가 현대 사회에서 감시사회가 받아들여지게 된 배경이라고 한다면, 중국에서의 감시사회의 수용과 서양의 여러 선진국의 감시사회화 사이에 명확히 선을 긋기란 역시 어렵기 때문이다.

기술 때문에 관리·감시사회화가 진화해 사회의 공적 영역과 사적 영역의 관계성이 흔들리는 현재, 오히려 우리는 경제적 사익을 추구하는 존재로서의 '부르주아'와 더 추상적인 인륜적 개념을 추구하는 '공민citoyen' 사이의 분열을 어떻게 극복할 것인가 하는, 낡고도 새로운 문제에 새삼 직면했다고 봐야 하지 않을까? 다음 장에서 자세히 살펴보겠지만, 지금 중국에서 일어나는 일들은 바로 이러한 문제들을 우리에게 던져주고 있다.

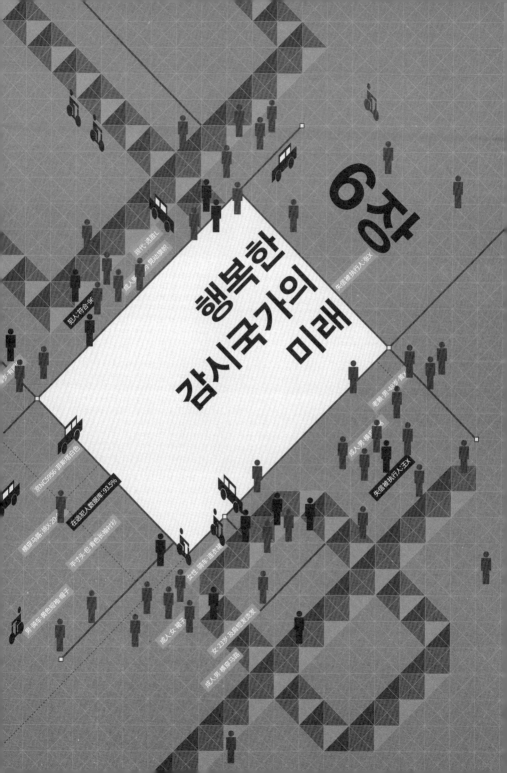

6장

행복한
감시국가의
미래

공리주의와 감시사회

지금까지는 통치를 위한 다양한 기술과 '사회적으로 바람직한 행동'에 동기를 부여하는 신용점수 등의 평가 시스템이 침투하면서 최근의 중국 사회, 특히 대도시가 '바르고 예측 가능한 사회'로 변해가는 게 아닌지를 주제로 설명했다.

물론 현 상황에 대한 인식 자체와 관련해 다른 의견도 있을 수 있겠다. 하지만 이 장에서는 중국 사회의 변화가 실제로 일어나고 있다고 인정하고, (넓은 의미에서) '감시를 통한 사회질서의 실현'에 대해 생각해 보려고 한다.

먼저 감시사회화 움직임을 기본적으로 긍정하는 사상, 혹은 근거를 부여하는 사상을 검토해 보자. '과연 감시사회화를 긍정하는 사상이 존재할까' 싶은 의문이 들지도 모른다. 하지만 여기서 다루고자 하는 사상은 우리에게 비교적 친밀한 사고방식, 즉 '공리주의'다. 이 공리주의 사고방식이 극단으로 치닫는다면 궁극적으로는 감시사회화를 긍정할 수밖에 없지 않을지 논하고 싶다.

공리주의의 핵심은 ①결과주의, ②행복(후생)주의, ③집계주의라는 세 가지 요소다. ①결과주의는 어떤 행위의 (도덕적) 올바름은 행위를 선택해 발생하는 결과의 좋고 나쁨만으로 결정된다는 사고방식이다. ②행복(효용)주의는 도덕적인 선악은 사회를 구성하는 개개인이 느끼는 주관적 행복(후생)만으로 결정되며, 그 밖의 요소는 본질이 아니라는 사고방식이다. ③집계주의는 사회 상태의 좋고 나

뿜이나 행위 선택의 (도덕적) 정당함은 사회를 구성하는 개개인이 느끼는 행복의 총량에 의해 결정된다는 사고방식이다.

그렇다면 공리주의가 어떻게 감시사회를 긍정하는 사상이 될까. 공리주의를 통치 사상으로 재평가하는 법철학자 안도 가오루^{安藤馨}의 말을 빌리면, "공리주의에 따르면, 여러 개인의 자유나 자율 같은 것은 통치자가 무엇을 행해야 하는지와는 본질적으로 무관"하니, 따라서 "그렇게 하는 편이 결국 행복 총량의 최대화에 이바지한다고 생각한다면, 여러 개인의 자유나 자립을 침해하는 듯한 통치나 입법을 긍정할 것"이기 때문이다.[21]

안도는 또한 감시기술이 진보하면서 범죄나 폭력 행위에 대한 예방적 조치가 가능해지기 때문에, 오히려 감시기술이 사람들의 신체를 구속할 필요성을 줄일 가능성이 있다고 주장하며 이렇게 지적하고 있다.

만약 감시기술이 발달해 해당 행위에 이르기 전에 (중략) 억제할 수 있게 된다면, 물리적으로 형무소나 그 밖의 시설에 가둬놓아 사전적으로 규제하는 방법을 채택할 필요는 없어진다. 감시에 의한 사전 규제는 그들의 자유를 크게 회복하고 후생 증대에 도움이 될 것이 틀림없다. 감시야말로 오히려 그들을 자유롭게 한다.[22]

즉, 감시기술로 개인의 속성이나 행동 패턴을 분석해 반사회적 행동을 할 것 같은 사람들에게서 미리 행동의 자유를 빼앗는다면,

위법행위를 저질러 형무소에 들어갈 가능성이 줄어들기 때문에 오히려 그 사람들을 위하는 일이 된다는 말이다.

3장에서 다루었듯이, 중국에서는 이미 '신용도가 낮은' 개인이나 기업(신용불량 피집행인)의 블랙리스트를 공표해 은행 융자를 받지 못하게 하거나, 자가용과 부동산을 구매하지 못하게 하고, 비행기나 철도의 일등석 표를 살 수 없게 하는 등의 행정 조치를 내리는 경우가 많아졌다. 하지만 이러한 조치의 배경에는 기본적으로 앞에서 말한 종류의 공리주의에 바탕을 둔 온정주의적 사상이 깔려 있는 것 같다. 어떤 사회적 행동의 '합법성'을 엄밀히 따지기보다 '도덕적'인지 아닌지를 평가하고, '비도덕적인 행위'일 경우에는 형벌보다 정도가 약한 제재를 가해서 문제를 해결하려는 자세를 볼 수 있기 때문이다.

사회학자인 호리우치 신노스케堀內進之介도 "중국 정부는 사회신용시스템을 도입해 사람들이 정부의 정책 결정에 참여할 기회를 넓히거나 권력 운용에 대한 사회적인 감독과 제약을 강화할 것을 주장하는데, 거기에는 오히려 전통적 유교의 도덕적 미덕이 나타나 있지 않나" 하고 지적한다. 앞 장에서 말했듯이, 유교의 도덕적 미덕은 무엇보다 위정자나 관료에게 서민의 모범이 될 만한 높은 도덕성을 요구하기 때문이다.

마음의 이중과정이론과 도덕적 딜레마

공리주의적 사고방식에 대해 조금 더 이야기해 보겠다. 저술가 요시카와 히로미쓰吉川浩満는 저서《인간 해부는 원숭이 해부를 위한 열쇠다人間の解剖はサルの解剖のための鍵である》에서 이러한 공리주의를 "훌륭한 디스토피아 소설과 비슷하다"23라고 하며, 사람들의 감정을 역이용하는 측면은 있지만 압도적인 현실성을 가지는 사상으로 소개한다. 그리고 현재 공리주의에 순풍이 부는 현상의 배경은 '자기 책임'을 강조하는 시대 풍조나 AI 관련 기술의 발전이라는 기술 환경의 변화와 함께, '도덕(공공심)의 과학적 해명'이 진전되었기 때문이라고 말한다.

여기서 말하는 '도덕(공공심)의 과학적 해명'이란, 도덕적 선악의 판단이나 정의(감) 같이 철학이나 윤리학의 대상으로만 여겨졌던 영역이라도 과학적인 방법으로 다룰 수 있는, 더 구체적으로 말하면 진화심리학이나 인지과학의 틀을 이용해 그 성립을 설명하는 논의가 점점 늘어나는 상황을 말한다.

그러한 논의가 담긴 이론 중에서도 대표적인 것이 소위 '마음의 이중과정이론dual process theory'이다. 이 이론은 아모스 트버스키 Amos Tversky와 함께 '전망 이론'의 제창자로 알려지고 2002년 노벨 경제학상을 받은 대니얼 카너먼Daniel Kahneman의《생각에 관한 생각 Thinking, Fast and Slow》이라는 책을 통해 일반 사람들에게도 널리 알려진 이론으로, 행동경제학의 이론과 발견을 기초로 하고 있다.

이중과정이론은 인간의 뇌 안에 '시스템 1(빠른 시스템)'과 '시스템 2(느린 시스템)'라는 서로 다른 두 개의 인지 시스템을 상정한다. 전자는 연산 능력이 그다지 필요하지 않고, 신속한 판단이 가능하며 자동적이고 무의식적이고 비언어적으로 작용한다. 그에 비해 후자는 더 많은 연산 능력이 필요하고, 의식적이고 언어적인 집중을 요구하는 시스템이다.

이 두 개의 시스템은 인간이 환경에 적응하는 데 필연적으로 진화한 것이라는 설이 점점 유력해지고 있다. 자동적이고 무의식적으로 작동하는 시스템 1은 개체보다는 종, 혹은 유전자의 이익을 최대화하도록 작동하는, 진화상 오래된 뇌 부분에 의한 처리 시스템이다. 다만 이 시스템은 융통성이 없어서 환경의 작은 변화에도 유연하게 대응할 수 없기 때문에 종종 개체를 위험에 빠뜨리는 오류를 범한다. 한편, 진화상 새로운 뇌 부분에서 작동하는 시스템 2는 개체의 이익과 생존 가능성을 최대화하도록 환경 변화에 더 유연하게 대응하는 성질을 갖추고 있다.

다만 평소에 인간은 두 시스템을 자유자재로 구별해서 사용할 수는 없다. 특히 개체의 이익을 지키기 위해 합리적으로 판단하는 시스템 2를 제대로 작동시키기 위해서는 훈련이나 노력, 집중력이 상당히 필요하다. 자칫 방심하면 더 편하게 작동하는 시스템 1이 우세해지고(휴리스틱과 편향) 비합리적인 오류를 저지르기 쉬운 이유는 바로 그 때문이다.

인류의 진화와 윤리관

진화심리학이나 인지과학의 연구 성과 덕에 명백해진 또 하나 중요한 사실은 일반 사람들이 행하는 도덕적 선악 판단의 대부분이 시스템 1에 의존한다는 점이다.

이 사실을 현실사회의 다양한 윤리 문제에 적용하고 상세히 논한 책이 철학자 조슈아 그린Joshua Greene의 저서《옳고 그름Moral Tribes》이다. 그린은 앞에서 설명한 시스템 1을 운전할 때의 '자동 모드', 그리고 시스템 2를 '수동 모드'에 빗댄다. 이러한 이해를 바탕으로 우리가 도덕적 선악을 판단할 때도 자동 모드로 움직이는 '도덕 감정'과 수동 모드에 기초해 냉정하게 판단하는 '공리주의'라는 두 시스템이 작동한다고 주장한다.

그린에 따르면 전자인 도덕 감정은 공동체 내의 배신자나 불로소득자에게 제재를 가하고, '공유지의 비극(어느 한 공동체 구성원이 목초지에서 가축을 너무 많이 키우거나 물고기를 전부 다 잡는 등, 자신의 이익만을 추구한 결과 최악의 결과를 초래하는 것)'을 해결하기 위해 필수인 성질로서 인류에게 이어져 왔다.

그러나 그와 동시에, 도덕적 감정의 기준이 다른 '부족tribe'끼리의 격렬한 항쟁을 초래하기도 한다. 그린은 도덕 감정이 강해서 분쟁을 일으키게 되는 딜레마를 '공유지의 비극'에 빗대어 '상식적 도덕의 비극'이라고 부르고 있다.

따라서 그린은 냉정하고 합리적으로 서로의 손익에 근거해 도덕적 올바름을 결정하려고 주장하는 공리주의야말로 이러한 부족 간의 도덕 감정 대립을 조정하고 '상식적 도덕의 비극'을 회피하는 데 유용한 사고로 쓰여, 일종의 공공재(공통 통화) 역할을 다한다고 주장한다.

그린은 자동 모드의 도덕 감정과 수동 모드의 공리주의가 자주 대립한다는 이론의 근거로, '트롤리 문제trolley problem'라고 불리는 사고실험실제로 실험하는 대신 생각으로만 진행하는 실험을 자세히 고찰한다. 트롤리 문제는 행동경제학이나 마음의 이중과정이론을 해설한 도서에는 반드시 등장하는 사고실험으로, 다양한 버전이 있는데 대략 다음과 같다.

브레이크가 없는 트롤리가 빠른 속도로 선로를 달려간다. 그 앞에는 다섯 명의 작업자가 있고, 그대로 달려간다면 틀림없이 작업자들은 차에 치여 죽는다. 그때 마침 육교 위에서 그 모습을 보고 있는 당신과 배낭을 메고 있는 또 한 명의 인물이 있다고 하자. 당신이 배낭을 멘 사람을 밀어 떨어뜨려서 트롤리를 강제로 세우고 다섯 명의 생명을 구하는 선택이 정당한지 아닌지를 묻는 것이 트롤리 문제다.

또 다른 버전으로는, 당신이 트롤리의 선로변환기 옆에 있어 차량의 방향을 바꾸면 다섯 명의 작업자를 구할 수는 있지만, 바꾸려는 방향 앞에 작업자 한 명이 있어 결국 그 사람이 죽는 상황에서 어느 한 쪽을 선택해야 하는 경우다. 첫 번째 선택을 실제로 행한다면 현행 법률로는 명백히 살인이지만, 결과적으로 희생되는 사람의 수는 줄어든다. '과연 이러한 행위를 죄로 간주하는 법률에는 합리적인 근거가 있을까' 하는, 소위 직감적인 도덕 감정과 합리적인 판단에 근거하는 공리주의 사이의 딜레마에 대한 내용이 그린의 저서에서 논의되고 있다.

인공지능이 도덕 판단을 할 수 있을까

도덕적 딜레마는 요시카와의 표현을 빌려 말하면, "소위 뇌 안에서 의무론적 직관과 공리주의적인 비판적 사상이 서로 싸우는 상황"이지만, 승부의 결말은 처음부터 명백하다. "만약 천천히 선택할 수 있다면, 비판적 검토가 가능한 공리주의적 사고를 선택할 것"이기 때문이다.[24]

그러나 이러한 도덕적 딜레마는 우리에게 의문점을 한 가지를 던져준다. 공리주의는 인간의 합리적 사고, 즉 시스템 2에 근거해 도덕적 선악을 판단하는 사고다. 이 시스템 2는 작동하는 데 큰 비용이 들 뿐만 아니라 완전하지 않다. 앞에서 말했듯이, 개체의 이익을 지키는 합리적인 판단을 하려면 꽤 많은 훈련과 노력, 집중력 등이 필요하기 때문이다. 그렇다면 차라리 처음부터 AI에게 맡기는 편이 더 올바른 도덕 판단을 이끌어 낼 수 있지 않을까?

이러한 문제의식에 근거한 사고실험은 이미 대학 등 연구기관에서 활발히 이뤄지고 있다. '트롤리 문제'와 같은 사고실험으로 얻을 수 있는 지식은 가령 자율주행 기술을 사회에 적용할 때 필요한 알고리즘('주행 중에 장애물에 충돌할 것 같은 경우 어떤 행동을 취해야 하는가' 등)을 결정할 때 하나의 기준을 제공하는 지식으로서 논의되고 있다.

한편 메사추세츠공과대학(MIT)의 연구 그룹이 자율주행차를 주제로 한 사고실험을 인터넷에서 불특정 다수의 사람들을 대상으로 실시한 바에 의하면, 교통사고로 희생되어도 좋은 대상을 선택할 때 '사람 수', '신호 무시 여부', '나이', '성별', '사회적 지위' 등의 기준 중 어느 것을 중시하는지는 지역에 따라 큰 차이가 있다는 결과가 나왔다고 한다.

이러한 실험을 통한 분석 결과 데이터를 바탕으로 각국에서 자율주행 알고리즘이 결정된다고 한다면 그 알고리즘을 도입한 사회는 교통사고가 발생할 가능성이 줄어들 뿐 아니라, 혹시 사고가 난다고 해도 '만인이 납득하는' 형태로 희생자가 사망해 곧 도덕적 스트레스가 더 줄어들 것이다.

또한 도덕적 선악의 기준으로 결과주의를 채택하는, 즉 특정 선택지가 가져올 결과가 바람직하다면 실현 수단에 적절한지는 묻지 않겠다는 공리주의는, AI 판단을 통해 점점 판단 스트레스를 줄이는 사회로의 변화를 강하게 뒷받침하는 이데올로기가 될 것이다.

도구적 합리성과 메타 합리성

그러면 지금까지 살펴본 흐름, 즉 공리주의를 기준으로 삼은 도덕 판단의 근거가 인간에게서 AI로 차츰차츰 대체되는 움직임을 이제는 멈출 수가 없을까? 그에 따라서 심각한 문제가 발생할 가능성은 없을까?

이 점에 관련해 중요한 문제를 제기하는 예로, 역시 '마음의 이중과정이론'을 이끌어 온 연구자 중 한 사람인 키스 E. 스타노비치 Keith E. Stanovich의 '도구적 합리성과 메타 합리성'에 관한 주장을 소개하겠다.

'도구적 합리성'이란 미리 정해진 어떤 목적을 달성하려는 경우 발휘되는 합리성을 말한다. 도구적 합리성은 꼭 인간만 가진 능력은 아니다. 예를 들어 침팬지에게 바나나가 손에 닿지 않는 곳에 놓인 상황을 인식시킨 다음에 상자와 막대를 주면, 그 침팬지가 상자 위에 올라가 막대를 사용해 바나나를 떨어뜨릴 수 있다는 보고가 나와 있다.

스타노비치는 이러한 도구적 합리성에 대해 그것이 "인간으로서 우리가 절실히 원하는 전부라고 한다면, 인간의 합리성은 실제로 침팬지의 합리성과 완전히 같은 것이 될 것이다"[25]라고 말한다.

하지만 스타노비치도 말했듯이, 우리들 대부분은 인간의 합리성이 침팬지와 비슷한 수준의 합리성에서 멈추기를 바라지는 않을 것이다. 그러한 식의 도구적 합리성은 어떤 행위의 목적 자체가 올바른지 아닌지, 예를 들어 '눈앞에 있는 사람의 생명을 빼앗으면서까지 다수의 생명을 구하는 선택이 정말로 정당한 걸까' 같은 문제를 절대로 묻지 않는다.

보통 우리는 자신이 행하는 선택이나 행위의 목적을 대상으로도 어떤 일정한 기준이나 가치관에 근거해 판단을 내릴 수밖에 없다. 도구적 합리성보다 한 걸음 더 높은 지점에서 목적 자체의 타당성에 대한 판단을 내리는 그러한 합리성을 스타노비치는 더 넓은 의미의 합리성, 즉 '메타 합리성'이라고 부른다.

메타 합리성은 미리 결정된 목적을 위한 합리적인 행동이 어떤 경우에는 (더 넓은 의미에서) 합리적이고 어떤 경우에는 합리적이지 않은지를 두고 우리가 물음을 던지길 요구한다.

스타노비치에 따르면 자신의 선택을 자신 및 사회의 가치관과 모순되는지 살펴서 그 선택을 비판적으로 생각해 보는 메타 합리성을 가질 수 있는지 없는지, 그것이 침팬지와 인간을 가르는 부분이라고 한다.

단적으로 말하면 AI가 행하는 공리주의적인 판단이란 어디까지나 미리 목적이 정해진 상황에서 목적 실현을 목표로 하는 '도구적 합리성'에 의한 것이고, 그러한 공리주의적인 판단만으로는 앞에서 말한 '공유지의 비극'으로 대표되는 다양한 사회문제를 해결하기에 충분하지 않다고 스타노비치는 비판한 것이다.

알고리즘에 근거한 또 하나의 공공성

지금까지의 논의를 바탕으로, 적어도 우리가 더 인간다운 사회를 만들려고 한다면 그 사회의 제도나 시스템이 도구적 합리성뿐만 아니라 반드시 메타 합리성이 작용하도록 설계해야 한다고 말할 수 있을 것이다.

그러면 우리는 메타 합리성이 충분히 기능하는 사회 구조를 어떻게 만들면 좋을까? 이 질문에 대한 답은 비교적 간단하다. 우리에게 이미 친숙한 근대적 통치 시스템이나 시민사회, 즉 시민적 공공성이 작용하는 사회는 적어도 이념상으로는 메타 합리성의 기반 위에서 성립한 사회라고 생각할 수 있기 때문이다.

다시 말해 본래 법의 지배나 민주주의가 제대로 작용하는 사회에서는, '어떤 사회에서 어떠한 목적을 추구해야 할 것인가'라는 문제를 공공의 자리에서 토론을 통해 생각하거나, 또는 역사 속에서 사람들이 시행착오를 거치며 형성한 판단 기준을 바탕으로 더 넓은 합리성의 관점에서 판단하는 구조가 갖춰져 있다.

방금 언급한 메타 합리성에 의한 도구적 합리성의 의미를 의식해, '휴리스틱(직감적이고 신속하지만 오류가 잦은 '인간적인' 방법)을 기반으로 한 생활세계'와 '메타 합리성을 기반으로 한 시스템' 그리고 '도구적 합리성을 기반으로 한 시스템', 이 세 가지의 관계를 표현한 것이 표 6-1이다.

또한 동시에 표 6-1은 생활세계에 살아가는 시민 한 명 한 명과

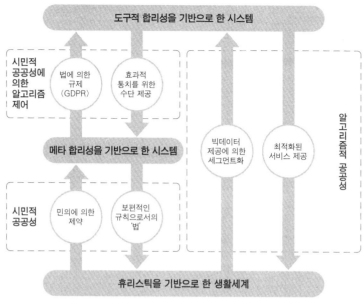

표 6-1 | 두 종류의 합리성과 공공성(필자 작성)

메타 합리성을 기반으로 한 시스템(구체적으로는 의회나 내각, NGO 등) 사이의 상호작용을 소위 '시민적 공공성'에 해당하는 것으로 파악하고 있다.

다만 현대 사회에서는 시민과 통치 시스템 사이의 독자적인 상호작용이 지금까지 보아왔듯이 선진국과 신흥국 관계없이 시민적 공공성과는 다른 형태로 차츰차츰 존재감을 키우고 있는 점도 분명하다. 그것이 표 6-1의 오른쪽 부분인 '알고리즘적 공공성'으로 점선으로 둘러싸인 곳이다.

그 영역은 거대 IT기업이나 정부가 사람들의 행동 패턴이나 취향·욕망 등을 빅데이터로 수집하고, 공리주의적 목적(치안을 향상시키고 더 풍요로워지는 등)의 관점에서 바람직하다고 생각하는 사회적인 아키텍처를 세세하게 설계해 사람들이 올바르게 행동하도록 제어한다는 쌍방향성을 지닌 질서 형성을 나타낸다.

기호학 전문가인 이시다 히데타카石田英敬는 비평가 아즈마 히로키와의 공저에서, 벨기에의 정치학자 루브루아Antoinette Rouvroy와 베른Thomas Berns의 논문을 언급하면서 그들이 주장한 '알고리즘적 통치성algorithmic governmentality'이라는 개념을 소개하고 있다. 알고리즘적 통치성은 "아무도 감시하고 있지 않지만 현실적으로는 모든 것이 감시되고 행동이 추적당해 규제될 수 있는 '스마트'한 체제 안에 놓여" 있고, "한 사람 한 사람의 삶이 알고리즘에 의해 꼼꼼히 다뤄져 인공지능으로 관리되고 생활은 자동화되어 모든 것이 스마트화된 유리 감옥 세계"와 같은 통치 형태를 말한다.[26]

이 알고리즘적 통치성이라는 개념은 표 6-1의 오른쪽에 점선으로 둘러싸인 영역이 표현하는 개념과 매우 비슷하지만, 이 책에서는 '시민적 공공성' 개념과 대응시키기 위해서 '알고리즘적 공공성'이라는 말을 사용하겠다.

3장에서 설명한 '넛지'에 의한 사회 제어도 기본적으로 이러한 알고리즘적 공공성의 틀 속에서 이해할 수 있다. 예를 들어 민간기업이 제공하는 넛지의 전형적인 유형으로는 아마존 같은 인터넷 쇼핑 사이트를 이용할 때 표시되는 '추천 상품'을 들 수 있다. 행동 패턴이나 취향을 일정 알고리즘으로 분석한 결과를 바탕으로 공리주의적으로 '더 나은 선택'을 제시해서 사람들을 그 선택으로 유도하는 것일 뿐이다.

표 6-1이 나타내는 것은 알고리즘적 공공성이 뒷받침하는 '도구적 합리성을 기반으로 한 시스템'을 시민적 공공성이 뒷받침하는 '메타 합리성을 기반으로 한 시스템'을 통해 어느 정도 제어하고 그 부작용을 막을 수 있을 가능성이다. 이것이 지금까지의 인간중심주의적인 근대사회와, 급속한 기술 진보가 낳은 새로운 통치 형태를 어떻게든 조화시킬 수 있는 거의 유일한 방법이라고 해도 좋을지 모른다.

그러나 몇 가지 의문이 생긴다. 메타 합리성을 통해 시민적 공공성과 알고리즘적 공공성을 조화시키는 방안이 AI기술의 진보와 도덕의 과학적 해명에 따라 '공리주의에 순풍이 불고 있는' 상황에서 과연 어느 정도의 설득력을 가질까?

또한 원래 서구 사회에서 발전해 온 '시민사회'와 '시민적 공공성'의 전통을 갖지 못한 신흥국, 단적으로 말해 중국 같은 사회에서는 더더욱 표 6-1과 같이 메타 합리성을 통해 도구적 합리성(그리고 그것에 기초하는 새로운 통치 시스템)을 제어한다는 시도가 더욱 어렵지 않을까?

알고리즘적 공공성과 GDPR

표 6-1의 '알고리즘적 공공성'으로 실현되는 통치란 그야말로 '도구적'으로 사람들의 일상적인 구매 행동이나 SNS에 올리는 게시물 등을 데이터로 수집하고, 또한 그 데이터를 특정한 목적을 위한 절차에 따라 처리해서 사회적으로 더 바람직한 방향으로 사람들에게 동기를 부여하는 규칙이나 아키텍처를 만들어가는 통치 형태다.

조금 전에는 그러한 도구적 합리성만으로 유지되어 온 통치를 메타 합리성을 바탕으로 한 시민적 공공성으로 제어하는 일, 그것이 지금까지의 근대적 사회와 기술이 낳은 '새로운 통치 형태'를 그럭저럭 조화시키는 길이 아닌지 물었다.

여기에서 이른바 '알고리즘에 의한 인간 지배를 비판하는 근거로서의 시민사회'라는, 시민사회의 새로운(제4의?) 역할이 새롭게 등장한다.

시민사회에 의한 알고리즘 제어라는 문제의식이 구체화된 사례로 오랜 시간에 걸쳐 개인주의적 가치관과 시민적 공공성을 조화시킨 전통을 가진 유럽연합(EU)의 'GDPRGeneral Data Protection Regulation, 일반 데이터 보호 규칙' 제정 움직임(2016년 제정, 2018년 시행)을 들 수 있겠다.

GDPR은 몇 가지 측면에서 이해하고 넘어갈 필요가 있다. 먼저 짚고 넘어가야 할 측면은 그 규칙의 근본에는 '사적 재산으로서의 개인정보'라는 사고방식이 있다는 점이다. 근대적인 재산권 개념을 온라인 및 오프라인을 통해 수집된 다양한 개인정보에도 적용하자는 입장이다.

　이러한 입장에서 이론적으로 고찰하는 프랑스 경제학자 장 티롤 Jean Tirole의 주장을 소개한다. 티롤은 데이터의 처리나 가공에서 부가가치가 생기는 기회가 점점 늘고 있는 현대 사회에서는 '데이터는 누구의 것인가'에 대한 논의가 특히 중요하다며 다음과 같이 지적하고 있다.

　인터넷 기업은 분야와 상관없이 고객에 대한 많은 데이터를 활용하고 있다. 예를 들면, 고객의 취향에 맞는 상품을 추천하고 흥미를 끌 것 같은 관련 상품을 제안하는 일 등이다. (중략) 경쟁 기업이 그 데이터를 갖고 있지 않아서 동일한 제안을 하지 못한다면, 데이터를 소유한 기업이 지배적인 위치를 확립하고 이윤의 폭을 높여 소비자에게 불이익을 초래할 수 있게 된다. 그렇다면 이런 의문이 생긴다. 고객 정보를 갖고 있는 기업은 그것을 통해 남을 압도할 만큼의 큰 이익을 얻을 만한 자격이 과연 있을까? (중략) 상식적으로 생각하면 데이터 수집이 독자적인 혁신이나 거액 투자의 결과라면, 그 기업은 데이터를 보유하고 활용해 이익을 얻을 자격이 있다고 말할 수 있겠다. 그러나 반대로 비용을 거의 들이지 않고 쉽게 수집할 수 있는 데이터는 기업이 독점해서는 안 된다. 오히려 그 정보는 제공한 본인에게 소유권이 있다고 생각할 수 있다.[27]

그리고 티롤은 소위 플랫폼 비즈니스에 의해 일반화된 사업자와 이용자 간 상호평가 시스템을 대상으로는, 개개의 업자가 받은 이용자의 평가를 우버나 트립 어드바이저와 같은 플랫폼 기업이 소유하는 현상을 짚으며 이의를 제기한다.

다시 말해 개개의 업자가 받은 좋은 평가는 그 업자가 개인적인 노력으로 획득했기 때문에 그 업자가 다른 플랫폼 기업에 등록할 때, 가령 일본의 벼룩시장 앱 메르카리에 출점한 업자가 중국의 쇼핑몰 앱 타오바오에도 출점하려고 하면 그 평가를 '재산'으로 가져갈 수 있도록 해야 한다는 것이다.

티롤은 이러한 플랫폼 이용자가 제공한 정보 그 자체와, 그 정보의 처리 및 가공을 명확히 구별해야 한다고 하고, 둘 중 전자의 정보는 제공자 본인에게 데이터 전송portability을 포함한 소유권을 인정해야 한다고 주장한다.

실제로 미국 등에서는 의료기관 등에서 환자의 의료 정보 소유권을 인정하고, 환자가 스스로 의료기관을 선택하고 정보를 공유할 수 있는 구조가 마련되어 있다. 이러한 주장이나 사회의 움직임은 근대적인 배타적 재산권 개념을 인터넷을 통해 오가는 개인정보에까지 확장하려는 시도라고 말할 수 있다.

인권 보호의 관점에서 검토해야 할 문제

한편 GDPR 같은 개인 데이터 보호에 대한 규칙을 데이터 제공자의 재산권에 그치지 않고, 더 넓은 개념에서 데이터 사회의 새로운 인권 형태를 규정한 것으로 받아들이는 움직임도 법학자를 중심으로 퍼지고 있다.

예를 들어 헌법학자 야마모토 다쓰히코山本龍彦는 AI에 의한 인증 기술이나 데이터 축적이 진보하면서 개인의 '세그먼트(공통의 속성을 가진 집단)화'가 일본 헌법이 보장하는 '개인의 존엄' 원리와 정면 대립할 가능성이 있다고 경고한다. AI의 성능이 발달하고 일정한 알고리즘을 이용해서 개인 행동의 '예측 가능성'이 높아질 때, 다음과 같이 인권 보호의 관점에서 검토해야 할 문제가 발생할 우려가 있기 때문이다.

첫 번째는 AI가 가진 데이터 혹은 판단의 '인지 편향' 문제다. 예를 들자면 2015년 구글의 화상인식 서비스(구글 포토)가 백인 샘플에 편향된 데이터에 기반한 인식 시스템을 구축한 탓에 아프리카계 미국인의 얼굴 사진에 '고릴라'라는 분류 표시를 붙여버린 유명한 사례가 있다. 그 후에도 기존 AI 프로그램이 소수자 차별을 재생산하거나 조장하기 쉬운 인지 편향을 가지는 점과 관련해서 많은 사례가 보고되었다. 그 때문에 샌프란시스코시처럼 공공기관에 의한 안면인식 기술 사용을 금지하는 조례안을 의회에서 가결한 예도 있다.[28]

두 번째는 AI에 의한 데이터의 축식과 관민이 세그먼드 단위로 이뤄진다는 점과 관계가 있다. AI가 개인의 행동을 예측할 때, 세그 먼트로 분석되지 않는 개인 특성이나 잠재능력을 충분히 고려하지 않고 수행한다는 점에서 '개인의 존엄'을 위협하는 문제가 발생할 가능성이 있다.

세 번째는 AI가 의사 결정을 할 때 알고리즘이 블랙박스화되어 '이용자 자신도 잘 모르는 이유'로 점수가 매겨지거나 행동이 제한 되는 문제다. 지금까지도 디스토피아 소설에서 여러 번 나온 문제 로, 그만큼 우리는 '알 수 없는 이유'로 자신의 행동이 제한받고 결 정되는 일에 본능적인 경계심을 가진다고 말할 수 있다.

이러한 점을 고려해 야마모토는 GDPR과 같은 개인 데이터 보 호 움직임을 AI 네트워크 사회와 개인의 존엄 원리 간의 관계를 생 각하는 데 중요한 시사점을 던져주는 21세기의 '인권 선언'으로 평 가한다. 야마모토에 따르면, GDPR 중 개인의 존엄 원리의 관점에 서 특히 중요한 것은 다음의 세 가지 조문이다.

첫째는 데이터의 주체가 데이터 수집 과정에 이의를 주장할 권리 (21조)다. 권리가 행사될 경우, 데이터 관리자는 데이터 주체의 이 익 등을 초월하는 '불가피하고 정당한 근거'를 밝힐 필요가 있다는 것이다. AI가 가진 편향 때문에 데이터 수집을 부당히 당한 개인이 이의를 신청할 권리라고 말할 수 있겠다.

두 번째는 데이터 자동 수집 등의 자동 과정에만 근거해 데이터 주체를 대상으로 한 중요한 결정을 받지 않을 권리(22조)다. 이는 개인의 특성을 경시하기 쉬운 AI의 통계적·확률적인 세그먼트화에 기반한 판단으로부터의 자유를 보장하고 개개인의 평가에 시간과 비용을 들일 것을 요청하는 권리다.

세 번째는 공정함과 투명성의 요청(13조 제2항)이다. 자동 결정의 존재와 결정 로직에 대한 의미 있는 정보, 그 처리의 중대성과 데이터 주체에게 예상되는 결과를 데이터 주체에게 고지해야 한다는 내용이다. 시민이 알고리즘의 '도구적 합리성'에 맹목적으로 따르기를 거부하고 '메타 합리성'으로부터 '유의미한 결정'만을 따르기 위해, 즉 '알 수 없는 이유'로 자신의 행동이 제한받고 결정되는 사태를 피하기 위해 정해졌다고 이해할 수 있다.

이러한 움직임은 이 책에서 언급한 시민에 의한 감시의 철저화, 즉 '감시하는 자를 감시함'으로써 알고리즘을 어떻게 제어할지에 대한 문제의식과 같은 데서 탄생했다.

유교적 도덕과 사회신용시스템

여기서 놓쳐서는 안 되는 지점은 시민에 의한 알고리즘의 감시 및 제어를 호소하는 주장은 '사회에서 어떤 목적을 우선할지'를 충분히 논의해 결정하는, 시민적 공공성의 존재를 전제한다는 점이다. 솔직히 시민적 공공성에 의한 알고리즘 감시 및 제어라는 이상이 현실에 어느 정도로 작용할지 결코 낙관할 수 없기 때문이다.

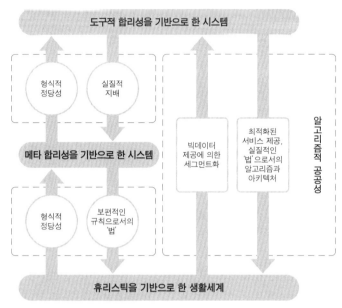

표6-2 | 알고리즘에 의한 통치의 비대화(필자 작성)

특히 시민적 공공성의 기반이 원래 약한 사회에서는 표 6-2와 같이 메타 합리성을 기반으로 한 시스템이 형식적으로는 남아 있기는 하지만 실제로는 거의 작용하지 않고, 대부분 알고리즘/아키텍처적인 통치 시스템이 사람들의 행동을 처리하는 미래상이 다가올지도 모른다.

세계적인 베스트셀러가 된 유발 하라리의《호모 데우스》가 그린, 현재의 '인간 지상주의' 세계가 끝난 후 이어진다는 '데이터 지상주의' 세계상(어떤 현상이나 사물의 모든 가치가 데이터 처리에 얼마나 기여할지로 결정되는 세계)도 표 6-2와 같이 알고리즘에 의한 통치가 비대화한 사회의 이미지에 가깝다고 말할 수 있다.

다만 여기서 한 가지 의문이 생긴다. 중국과 같이 시민적 공공성 기반이 약한 사회에서는 알고리즘에 의한 행동 지배를 어떻게 제어하면 좋을까? 바꿔 말하면 근대적 의회, 정부나 법원, 혹은 NGO 등 이외에 알고리즘에 의한 행동 지배를 제어할 메커니즘은 존재하지 않는 걸까? 5장에서 잠시 언급한 중국의 유교적 공공성 개념, 즉 국가도 시민사회도 반드시 '천리에 맞음'으로써 그 정당성이 담보될 때의 그 '천리'는 알고리즘에 의한 통치가 비대화하는 사회 안에서 어떻게 자리매김할까?

결론부터 먼저 말하면, 유교적인 '천리'에 의한 공공성 추구는 알고리즘에 의한 행동 지배에 대항하는 축이 되기보다는, 오히려 연결되어 일체화하거나 혹은 윤리적으로 보증할 가능성이 높을 것이다. 그렇기 때문에 중국은 다른 나라들보다 먼저 이러한 미래 사회의 이미지에 가까운 사회를 실현할 가능성이 있지 않을까?

예를 들면 3장에서 말한 사회신용시스템에 대해 중국 정부는 그것을 도입해서 '정부의 정책 결정에 대한 국민의 참여창구를 넓히는 것'과 '권력 행사에 대한 사회적 감독과 제약의 강화'를 목표로 하는 동시에 오히려 유교의 전통적인 도덕적 미덕을 받아들이기를 원한다고 말한다. 사회신용시스템은 중국의 전통적인 '덕'에 의한 통치와 모순되지 않기 때문이다.

이 상황을 어떻게 생각하면 좋을까? 먼저 법보다 도덕이 우위에 선 중국 사회의 모습을 살펴보겠다. 앞서 5장에서는 데라다 히로아키의 저작을 인용하면서 전통적인 중국 사회의 법질서를 서양적인 '규칙으로서의 법'에 대비되는 '공론으로시의 법'이라는 개념으로 이해할 수 있다고 말했다.

반복해서 말하지만, '공론으로서의 법'에서는 개개의 안건에서 개별 사정이나 사회 정세를 고려한 '공평한 재판'을 실현해 가는 일이 중시된다. 그리고 그러한 '공평한 재판'을 실현할 수 있는 존재는 교양이 있고 인격적으로도 훌륭한, 즉 일부 '덕'이 있는 사람뿐이라고 생각한다.

뒤의 논의에서는 개인의 인격과 분리되어 있으면서 또 연결된 '덕'에 따라 사회질서를 유지하고 공공성을 실현하는, 중국 사회의 전통 윤리관의 정수를 볼 수 있을 것이다.

덕에 의한 사회질서 형성

지금도 중국에 전통적으로 남아 있는 '공론으로서의 법'의 흔적은 사회의 다양한 측면에서 엿볼 수 있다. 5장에서 소개했듯이, 종종 지도자의 의향을 반영한 정치 캠페인이 법률보다 더 효력을 발휘하거나, '공정함'을 원하는 민중이 직접 행동할 때 법정에 제소하지 않고 상급관청·중앙관청에 진정을 내는 방식을 선택하는 현상이 한 예시다.

전자의 대표적인 예는 '반부패 운동'이다. "호랑이부터 파리까지"

라는 슬로건을 내걸고 중국공산당 중앙기율검사위원회의 최고위원과 저우융캉과 쉬차이허우徐才厚, 당시 중앙군사위원회 부주석 등의 '거물(호랑이)'부터 '지방의 관리(파리)'에 이르기까지, 전국에서 약 134만 명의 당원이 처분 대상이 되었다고 하여 비리를 저지른 공무원과 당 간부들을 두려움에 떨게 했다.

이 캠페인의 가장 큰 특징은 어디까지나 공산당 내의 기강 다지기로, 기본적으로 사법 절차를 밟지 않고 이뤄졌다는 점이다. 중국 정치에 정통한 일본국제문제연구소 연구원 가도자키 신야角崎信也는 시진핑이 주석으로 취임한 2013년 이후, 뇌물 수수 등의 죄로 입건된 사람의 수는 그렇게 크게 증가하지 않은 데 비해, 당 규율 위반으로 적발된 사람의 수는 2014년에 전년 대비 27.5%, 2015년에는 44.8%, 2016년에는 24%로 늘어 눈에 띄는 증가율을 보인다고 지적한다.

'법의 지배'가 충분히 관철되지 않은 중국 사회에서는 '반부패 운동'과 같이 '권력자의 말 한마디'로 다수에게 적용되는 위로부터의 억압이 발생한다. 그러나 그러한 억압이 사회규범화를 통해 경제 활동에 수반하는 비용을 줄이는, 예를 들어 효율적인 민간기업에 기회를 부여하는 등의 일정한 공리주의적인 성과를 올린다는 실증적 연구도 몇몇 발표되었다.

한편 상급관청, 중앙관청에 불만을 진정하는 현상도 흥미로운 사례라고 할 수 있다. 현재 중국에서는 민사와 행정을 포함하는 다양한 안건의 해결을 바라며 수만 건 규모의 '진정'이 올려졌다고 한다. 이렇게 진정이 자주 나오는 이유는 특히 지방 민중들이 사법 체계에 가지는 불신감이 없어지지 않기 때문이다.

예를 들어 지방 관료가 부패해서 지역 주민이 힘들어하는 경우, 법원에 소송해도 재판관이 지방 관료와 결탁했다면, 재판이 제대로 이뤄지길 기대할 수 없다. 그렇기 때문에 '공公'에 더 가까운 상급정부, 궁극적으로는 베이징까지 진정을 반복하는 서민이 계속 생기는 것이다.

이러한 식으로 진정을 통해 개인의 권리 구제를 기대하는 현상은 입헌주의 편에 서는 중국의 법학자들 사이에서는 부정적으로 받아들여지는 것 같다. 삼권분립에 근거한 사법권의 독립이 쉽게 흔들릴 수 있기 때문이다.

가시화되는 인민의 의사

그렇지만 만약 진정 행위로 표출된 서민의 불만이나 지방 관료에 대한 고발이 인터넷보다 간편한 방법으로 표명되고, 중앙의 권력자에게도 가시화된다면 어떨까?

이러한 가정은 현재 중국의 엄격한 인터넷 규제하에서는 비현실적일지도 모른다. 또한 고발이 조금은 자유로워졌다고 하더라도, 공산당 지도부가 '가시화된 인민의 의지'를 '본래의 인민의 의지'와는 무관하다고 보면서 일방적으로 무시하거나 '우마오당五毛党'이라고 불리는 인터넷 여론 조작원을 이용해 지속적으로 통제할 가능성도 있다.

그렇지만 지도부가 더 현명하다면, 즉 교양 있고 인격적으로도 훌륭할 뿐 아니라—사람들의 행복을 최대화하는 것을 목표로 하는—공리주의적 의미에서의 '현명한' 지도자라면, 오히려 '가시화된 인민의 의사'를 근거로 지방의 부패를 바로잡거나 반대자를 억압해 더 바람직한 개혁을 실시하려고 하지 않을까? 3장에서 다룬 인터넷 여론 감시 시스템이 언론통제뿐 아니라 일반 시민의 불만에 선제 대처하는 역할도 맡던 상황이 그 예다.

'현명한 소수의 통치자'가 직접 민중의 소리를 모아서 그 의사를 반영한(했다고 말하는) 정치를 하며 그들의 지위를 위협하는 듯한 언론과 사회운동을 엄하게 탄압하는 상황은, 표 6-2에서 보듯이 시민의 욕망을 반영한 알고리즘에 의한 통치가 비대화하고 그것을 '법'으로 속박하는 시민적 공공성은 축소되는 구조와 기본적으로 통한다. 유교적 도덕 시스템은 알고리즘적인 공공성을 제한하지 않고 오히려 강화하는 방향으로 작용하리라는 조금 전의 예측은 그러한 의미에서다.

GDPR과 관련해서 말하자면, 중국에서는 2017년 6월부터 '네트워크 안전법(사이버 보안법)'이 시행되었다. 네트워크 안전법은 IT 기업을 대상으로 개인정보 보호를 규정하는 점에서는 GDPR과 같은 성격이지만, 데이터의 해외 반출이나 해외 기업의 사용은 엄격히 규제하고, 국가 안전과 범죄 조사 활동을 위한 기술지원과 협력은 의무화해, '기업의 데이터 수집 활동에 대한 국가 개입의 정당화'의 성격이 강하다.

한편 일반 소비자의 프라이버시 의식이 높아져 정부가 개인정보 보호를 명분으로 민간기업의 활동을 제한하게 되지 않겠냐는 지적도 있다. 지적대로 2018년 5월부터 '개인정보 안전규범'도 시행되고, 기업이 개인 데이터를 이용하는 데에 제한이 한층 더 가해지게 되었다.

여기서 알 수 있는 것은 어디까지나 민간기업의 개인정보 취득이나 취득한 개인정보를 이용한 알고리즘의 제공을 국가가 규제한다는 자세다. 정부가 제공하는 알고리즘이나 아키텍처를 포함하는 통치 시스템을 시민이 감시한다는 발상은 GDPR과 달리 매우 희박하다는 점은 강조해 둘 필요가 있다.

개인정보 보호 규제를 둘러싸고 유럽과 중국이 뚜렷이 대비되는 모습은, 전근대 사회 성립 원리로서 각각 시민적 공공성과 유교적인 '천리'를 통한 공공성, 또는 '규칙으로서의 법'과 '공론으로서의 법'을 두었던 양측의 차이를 보여준다고 생각한다.

진보하는 기술, 흔들리는 근대적 가치관

최근 기술이 눈부시게 진보하는 중국의 현실을 앞에 두고서, 근대 이후로 '공론으로서의 법'보다 우위에 있던 '규칙으로서의 법'의 입지가 서양 여러 국가에서도 흔들리기 시작한 것 같다는 점은 더욱 주의해야 한다.

예를 들어 중국은 혁신을 사회에 응용하는 속도, 즉 기술을 사회에 현실적으로 적용하는 속도가 대단히 빠르다는 평가를 종종 받는다. 법 제도로 시민이 스스로 신기술의 폭주에 제동을 거는 구조가 처음부터 그다지 작동되지 않는다는 점을 방증하는 진단이기도 하다. 일단 기술을 실제로 사회 안에서 적용해 본 후에, 불편이 있으면 관리하는 구조가 일반화되었기 때문이다.

즈마신용을 운영하는 알리바바 산하 핀테크 기업, 앤트 파이낸셜에 대한 해설서에도 다음과 같은 언급이 있다. "앤트 파이낸셜의 대부분의 업무는 '먼저 실행하고 나중에 허가를 받는' 스타일이다. 예를 들어 알리페이는 2003년에 시장에 나왔지만, 중앙은행이 교부하는 결제업 영업허가증(라이선스)은 2011년이 될 때까지 취득하지 않았다. 중국의 감독 당국이 핀테크 기업의 혁신을 일격에 무너뜨리지 못한 이유는 오로지 그러한 혁신적인 업무가 실물경제에 부여하는 가치를 인정했기 때문이다.", "중국의 감독 당국이 혁신을 용인하는 방식은 세계적으로 채용되고 있는 규제 샌드박스 방식과 통하는 점이 있다. 즉, 위험 요소를 주시하면서 혁신을 용인하는 방식이다."[29]

현재 선진국들 사이에서는 드론이나 자율주행 등의 혁신적 기술과 서비스를 사업화할 목적으로 기존의 법 규제를 잠시 제쳐두고 실험하는 소위 '규제 샌드박스 방식'이 주목받고 있다. 일본에서도 혁신을 낳는 환경을 정비할 방안으로 기존의 국가전략특구법이니 구조개혁특구법을 개정하는 형태로 2018년도부터 규제 샌드박스 방식을 도입하기 시작했다.

이 규제 샌드박스 방식에 대해, 중국 기업의 혁신에 정통한 이토 아세伊藤亜聖는 "중국 전체가 어떤 의미에서 거대한 '규제 샌드박스'가 되고, 벤처의 요람이 되고 있다"라고 지적하고 있다.[30]

중국 같이 '법의 지배'가 약한 사회가 혁신적 기술에 독자적으로 대응하는 방식을 일본을 포함한 선진국이 오히려 모방하는 것 같다는 생각마저 든다.

중국화하는 세계?

여기서 다시 강조하고 싶은 점은 위에서 살펴본, 알고리즘에 의한 통치의 비대화는 중국 같은 권위주의 국가에만 존재하는 문제가 절대 아니라는 것이다. 또한 '시민적 공공성'을 따라 알고리즘을 제어해야 한다는 문제의식은 서양 여러 국가 사이에서도 결코 흔들림 없는 전제로서 공유되지 않는 듯하다.

이 장에서는 요시카와 히로미쓰 등의 저작을 인용하며 '트롤리 문제'나―그것을 사회로 적용했다고 볼 수 있는―자율주행 시의 알고리즘을 어떻게 할 것인지에 대한 문제와 관련해, 머릿속에서 '의무론적 직관과 공리주의적 비판이 서로 싸우는 상황'이 벌어지는 점을 살폈다. 예를 들어 일본 국내에서 정치가 등이 "인권은 우리가 풍요로워지기 위한 수단에 지나지 않는다"라고 공공연히 주장한다면 많은 반발이 일어날 것이다.

그러나 중국 같은 권위주의 국가의 인권 문제 개선을 호소할 때, 우리는 가끔 '인권 상황의 개선은 국가에 의한 사유재산의 수탈이나, 언론의 자유에 의한 혁신적인 환경 조성에 따르는 지속적인 경제 발전을 위해 불가피하다'라는 논리를 이용해 온 것이 아닐까? 그렇다면 이는 '인권은 우리가 풍요로워지기 위한 수단이다. 그렇기 때문에 중요하다'와 같은 공리주의적인 이해를 우리도 어딘가에서는 받아들이는 점을 나타내는 게 아닐까?

예를 들면 근대적 자유주의나 인권 사상의 전제가 되는 "모든 인격은 평등하다"란 명제의 자명성은 푸코 등의 포스트모던 사상가에 의해 지금까지도 비판받아 왔다. 근대적 자유주의를 지지하던 가치관(인격의 평등성)의 동요는, 인지과학에 의한 도덕의식의 해명이나 기술 응용을 통한 도덕적 딜레마 해결 등으로 최근에 더 심해져, '올바름'의 기준으로 인격의 우열을 내세우는 '덕 윤리'를 부활시키는 형태로 나타나고 있다고 할 수 있다.

사회학자 이나바 신이치로稲葉振郎는 자신의 저서《우주 윤리학 입문―인공지능은 우주 식민지의 꿈을 꾸는가?宇宙倫理学入門―人工知能はスペース・コロニ―の夢を見るか?》에서 20세기 말 이후, 근대적 자유주의의 '마땅히 있어야 할 이상적·본래적 인간 이미지의 공유'라는 암묵적 전제가 더 이상 자명하지 않게 되어 흔들리는 가운데, 오히려

그 핵심을 공공적 혹은 정책적으로 결정하는 과제기 등장했다고 지적한다.

《우주 윤리학 입문》에서는 '무엇이 인격을 형성하는가'와 같은 '인격'의 구체적인 핵심까지 파고드는 의사 결정에도 질문을 던진다. 이나바에 따르면, 생명윤리학으로 대표되는 응용윤리학 중에서 '올바름'의 기준으로 '인격의 우열'을 주장하는, 공동체주의로 대표되는 덕 윤리학의 복권도 그러한 '인격'을 둘러싼 근대 사회의 인식이 흔들리는 점과 깊은 관계가 있다.

그렇게 생각했을 때, 현대 중국에서 기술이 급속히 발전하면서 기술을 잘 사용할 높은 '인격'을 갖춘 주체로서 공산당의 권위가 강화되고, 나아가서는 공산당에 권위를 부여하는 유교적 가치관이 강조되는 등의 현상이 나타나는 상황은 어떤 의미에서는 당연한 것 같다. 즉, 그러한 현상은 결코 중국에서만 나타나지는 않고, 기술과 인간 사회의 본성을 둘러싼 세계적인 움직임과 연동하면서 발생한다고 생각할 수 있기 때문이다.

이 책에서 지금까지 설명했듯이 중국에서 진행되는 감시사회화를 말할 때, 중국을 우리 자신과는 완전히 다른 타자로 취급하며 그들의 영향력을 차단해 버리면 '우리' 사회의 끔찍한 디스토피아화는 막을 수 있다는 사고방식은─현재 트럼프 정권의 태도는 그러한 생각이 엿보이지만─효과적이지도 않고 오히려 위험하다고 생각하는 이유도, 지금까지 앞에서 설명한 현 상황에 대한 인식을 갖고 있기 때문이다.

그보다는 오히려 어떤 국가에서 발생하는 일은 결코 남 일이 아니라, 더욱 큰 '근대적 통치의 흔들림'으로서 인류가 함께 안고 있는 오늘날의 과제로 받아들여야 하지 않을까?

신장 위구르 자치구와 재교육 캠프

지금까지 기술이 초래하는 중국의 '감시사회화'를 다양한 측면에서 살펴보았다. 여기서 등장한 키워드는 '공리주의'와 '온정주의'라고 해도 좋을 것이다.

알리바바 등의 민간기업이 제공하는 신용점수든, 법원의 결정에 따르지 않아 블랙리스트에 오른 사람들에게 정부가 부과하는 불이익이든, 이는 '더 안전하고 편리하게 돈을 벌 수 있는 사회에 살고 싶은' 사람들의 욕망을 실현하기 위해 민간기업 혹은 정부가 온정주의식으로 제공했다고 볼 수밖에 없다.

그렇기 때문에 이 책에서는 현재 중국에서 벌어지고 있는 상황을 조지 오웰의 《1984》에서 묘사된 이미지에 빗대는 표현은 오해의 소지가 있다고 거듭 말해왔다. 그렇지만 아무리 생각해도 《1984》의 이미지와 유사하다고 볼 수밖에 없는, 즉 감시하는 쪽과 감시당하는 쪽이 비대칭 관계로 고정된 사태 역시 현실의 중국 사회에서는 발생하고 있다.

그 대표적인 사례가 소수민족에 대한 공산당의 통치 방식이다. 그중에서도 심각한 쪽은 신장 위구르 자치구의 상황이겠다. 특히 최근에 신장 위구르 자치구의 각지에 대규모로 건설된 '재교육 캠프再教育营'라는 이름의 수용 시설이 세계적인 이목을 끌고 있는 상황은 많은 사람들이 알 것이다.

신장 위구르 자치구는 다수의 이슬람교도가 생활하는 지역인데,

각지에 재교육 캠프라고 불리는 거대한 규모의 수용 시설이 여럿 세워지고 있다. 또한 그 안에서 '이슬람의 과격 사상에 물들어 반사회적 행동을 일으킬 가능성이 있다'고 여겨지는 사람들이 직업 훈련이나 법률 등의 '재교육'을 받기 위해 장기간 수용되고 있다.

나중에 살펴보기엔 이 시설의 성격은 강제수용소와 대단히 흡사해 보이지만, 여기서는 중립적인 용어로 비교적 많이 쓰는 '재교육 캠프'라는 용어를 사용하겠다. 한편 이 문제는 보도기관이나 언론인이 자유롭게 취재하기 어려웠기 때문에, 인권단체나 그 협력자 등이 당국의 눈을 피해 실시한 인터뷰나 해외 망명자의 증언 등으로 그 심각한 사태가 차츰차츰 드러났다. 때문에 당연하겠지만, 증언자들에 의해 구성된 사실이 중국 정부나 정부 측 언론의 주장과는 큰 차이가 있다고 미리 밝힌다.

신장 문제의 배경

2019년 4월, 중국 정부는 인권단체 등으로부터 쏟아지는 비판을 가라앉히기 위해 국내외 언론에 신장의 재교육 캠프 취재를 허가했다. 그러나 정부나 당 관계자에 의한 감시하에 취재를 한다는 엄격한 제한 조건을 전부 붙인 허가였다.

카슈가르시 취재를 허가받은 《아사히신문》은 2019년 5월 19일에 신장의 재교육 캠프 문제를 1면과 2면에 실어서 보도했다. 취재

기자는 인터뷰한 입소자 전원이 시설에 "스스로 원해서 왔다"라고 대답하기는 했지만, 단어 사용이나 말투가 하나같이 비슷해서 모범 답안을 암기하도록 강요받은 것이 아닌가 하는 의심이 들었다고 말했다.[31]

재교육 캠프 문제의 직접적인 배경은 2009년에 광둥성에서 한족과 위구르인 사이의 민족 갈등으로 인해 벌어진 난투극이 신장 위구르 자치구의 중심지인 우루무치로 불씨가 번져 민족 간의 충돌이 대규모로 발생한 일이다.

유혈 충돌 진압 과정에서 당국의 과잉 폭력과 법적 근거가 없는 구속 등의 가능성을 인권단체가 지적하고, 사건과 관련해 독립적이고 공정하며 완전히 효과적인 조사를 요구하는 성명도 나왔다. 그렇지만 특히 해외 언론에 대한 정보 통제가 엄격한 탓에 지금도 사태의 전모를 밝히기는 어려운 상황이다.

그 후 신장 위구르 자치구에서는 민족 간 대립이 격해지고, 특히 2013년부터 2014년에 걸쳐서는 신장의 안팎에서 칼이나 화기 등으로 무장한 단체가 유혈 충돌을 하는 사건이 잇따라 일어났다(다음 쪽 표 7-1). 위험을 느낀 당국은 일련의 사건을 해외 이슬람 과격파 조직과 연관된 국가분열주의자에 의한 '테러 활동'으로 단정하고, '테러와의 투쟁'을 온 나라에서 추진하겠다는 자세를 확실히 보이고 있다.

신장 반테러 정책에 대한 정부 백서에 따르면, 2014년 이후 민족 선동이나 국가 분열 등의 혐의로 적발된 단체는 1588개, 구속자는

연도·월	장소	사건 내용
2009·7	우루무치시	시민이 가담한 대규모 시위 발생 당국 추산 197명 사망, 1700명 이상 부상
2013·6	투루판 지구 루커친	경찰서 등이 습격당해 49명이 사상
2013·10	베이징시	사륜구동차가 천안문 앞으로 돌진해 화재 발생 용의자 3명 외 2명 사망. 40명 이상 부상
2014·3	윈난성 쿤밍시	쿤밍역에서 칼 든 남녀 8명이 통행인을 무차별 습격 31명 사망, 141명 부상
2014·4	우루무치시	시진핑의 시내 시찰 중에 우루무치 기차역에서 폭발 실행범 2명을 포함한 82명 사상
2014·7	카슈가르 지구 야르칸드현	무장 단체가 지방정부 청사 등을 습격 37명 사망, 13명 부상. 용의자 59명 사살
2016·4		당 중앙이 전국종교공작회의를 개최 '종교의 중국화' 정책을 분명히 함
2017·4		신장 위구르 자치구에서 '탈과격화 조례' 시행 '특이한' 수염이나 부르카 착용 금지
2018·10		탈과격화 조례가 개정되고, 재교육 시설이 합법화

표7-1| 신장 위구르 자치구의 민족 문제를 둘러싼 움직임32

1만 3천 명이다. 위법한 종교 활동을 한 경우가 4858건으로 3만 명 이상이 조사 및 처분을 받았다고 한다. 거리에 감시카메라를 설치하는 등 '감시사회화'가 급속히 진전한 시점도 이 무렵부터다.33

　2015년에는 '반테러법反恐怖主义法'이 발효되어 반테러법에 근거한 신장의 치안 유지 활동이 본격화된다. 앞에서 언급한 수용 시설은 이러한 신장 위구르 자치구의 '반테러 투쟁'이 본격화하던 2016년 초부터 건설되기 시작해 현 자치구 당서기인 천취안궈陳全国가 취임한 같은 해 여름부터 자치구 전체에 걸쳐 지어졌다고 한다.

참고로 천취안궈의 전 임지였던 티베트에서도 역시 소수민족의 활동에 대한 단속을 정부가 강화했다고 한다. 인도 다람살라에 있는 티베트 망명 정부의 롭상 상가이Lobsang Sangay 총리에 의하면 "무수한 감시카메라, 사복경찰의 순시, 많은 파출소와 검문, 문제가 발생하면 지역 전체의 인터넷을 차단하는 정보 봉쇄 등의 수법은 티베트에서 먼저 실행하고 신장으로 들여온 것이다"라고 한다.34

2017년에는 수용 시설의 존재가 해외에 거주하는 망명 위구르인이나 인권단체에게 알려지면서 언론을 통해 그 심각함이 보도되었다. 그리고 2018년 여름에 열린 유엔 인종차별철폐위원회에서는 미국의 맥두걸 위원이 위구르인이나 카자흐스탄인을 비롯한 이슬람교도 100만 명 이상이 수용 시설로 보내진 것으로 의심된다고 말해 세계적으로도 관심이 높아졌다.

처음에는 시설의 존재를 부정했던 중국 정부도 그 후로는 "재교육을 위한 필요 시설"이라고 주장하며, 2018년 10월 10일에는 수용 시설 건설의 법적 근거가 되는 '신장 위구르 자치구 탈과격화 조례'의 개정판을 공표했다. 그러나 시설에 수용된 당사자들의 증언이 조금씩 나오기 시작하면서 그 실태가 중국 정부의 주장과는 상당히 괴리가 있다는 점이 밝혀졌다.

또한 언론인의 자유로운 취재가 허락되지 않는 가운데, 현지를 찾은 배낭 여행객들은 감시가 중국의 다른 도시까지 걸쳐서 철저하고, 명백히 무슬림계 소수민족을 목표로 한다는 사실을 여행기

형식으로 전하고 있다

해외에서 이어지는 비판에 정부 당국은 최근에 들어서야 언론 취재를 받아들였다. 또 재교육 시설은 어디까지나 교육 목적이며, 해외의 비판과는 달리 강제수용소는 아니라고 주장하고 있다.

그렇지만 외신의 취재를 받을 때는 가시철사나 수용자의 방에 설치한 감시카메라, 문이나 창에 달은 철판 등을 미리 철거하는 등의 눈속임을 해서 지적받기도 했다.35

위협받는 민족정체성

한편 신장 재교육 캠프 문제는 몇 가지 다른 측면에서 살펴봐야 한다. 하나는 민족의 독자적인 문화나 역사·종교적 정체성의 억압이라는 측면이다. 사회적으로 영향력이 큰 사람들을 시설에 수용하는 일이 이를 상징한다.

2018년 11월, 국제엠네스티 일본지부 등이 주최한 강연이 오사카에서 개최되었는데, 카자흐스탄에서 여행사를 경영하던 카자흐스탄 국적의 위구르인 오마르 베칼리의 강연이 있었다. 필자도 오사카 강연회에 참가했는데, 오마르가 말하는 처참한 수용 시설 체험, 특히 민족정체성을 부정하고 중국공산당과 시진핑 국가주석에 충성한다는 말을 매일매일 반복하게 했다는 증언은 할 말을 잃을 정도였다.

재교육 캠프에는 오마르와 같은 성공한 사업가 말고도 저명한 대학교수나 언론인, 작가, 음악가 등 사회 일선에서 활약하는 사람들이 여럿 수용되어 있다. 예를 들어 오마르와 함께 일본에 와서 강연했던 누리 티이프의 형인 타슈폴라트 티이프는 일본 유학 경험이 있고 신장대학의 학장을 역임했으나 수용된 인물이다.

그러한 저명인들도 다수 구속되어 있다는 사실이 신장에서 일어나고 있는 '이상한 일'을 상징한다. 나중에 말하겠지만, 애초부터 국립대 교수나 성공한 사업가에게 봉제공장 등에서의 '직업 훈련'이 필요하다고는 도저히 생각할 수 없고, 그들 대부분이 체제 내에서 나름대로 지위를 누렸던 이상 '과격 사상'의 소유자일 리가 없기 때문이다. 독자적인 민족문화나 민족정체성을 체현하면서 영향력 있는 사람들을 적대시하는 당국의 자세를 잇따른 구속 조치에서 엿볼 수 있다.

저임금으로 단순노동

두 번째로, 신장 재교육 캠프 문제는 경제 문제로서의 측면도 있다. 전체 100만 명 규모로 알려진 피수용자 중에서는 앞에서 말한 바와 같이 사회적 발언력을 가진 저명한 사람만 있지는 않다. 그렇다면 당국은 무엇 때문에 평범한 사람들을 그렇게 대거 수용하고 있을까?

2018년 말 무렵,《뉴욕타임스》나《파이낸셜타임스》등 영어권의 유력 언론들은 신장 남부의 카슈가르시, 호탄 지구 케리야현에서 수용 시설로 보이는 건물 근처에 공장이 차례차례 건설되고, 시설에 수용된 위구르인이나 카자흐인 등 튀르크계 주민들이 그 공장에서 의류 봉제나 티백 채우기 및 전자기기 조립 작업 등의 노동에 동원되고 있다는 내용을 보도했다.[36]

보도에 따르면 동원된 튀르크계 주민들은 일단 수용 시설에서 재교육을 받은 후, 정부가 정한 최저임금에 가까운 임금을 받으며 앞에서 언급한 단순노동에 종사하고 있다. 노동자는 공장을 떠날 수도 가족과 연락을 주고받을 수도 없어, 사실상 강제노동이 아닌가 하는 의심이 든다. 또한 단순노동에 종사하는 수용자들 중에는 상당한 고학력자도 포함되어 있다.

이러한 정보를 집약하면 수용 시설은 예전에 중국에 존재했던 '노동교양소劳动教养所'와 매우 닮아 보인다. 노동교양소란 각 지방정부의 노동교양관리위원회가 정치범 등을 사회질서를 어지럽혔다는 이유로 재판도 없이 구금하고 강제 노역을 시키는 곳이었는데, 그 열악한 상황이 언론 보도 등으로 알려지게 되면서 세계적으로 비판을 받았다. 이에 중국 정부는 2013년에 노동교양소가 헌법에 위반된다며 정식으로 폐지했었다. 그런데 노동교양소 폐지에도 불구하고 그와 비슷한 시설이 현재 신장에서 부활했다.

그렇다면 평범한 이들의 노동력을 정부가 동원하는 데에는 어떠한 배경이 있을까? 원래 카슈가르나 호탄 같은 신장 남부 지역은 소수민족의 비율이 높고, 공업화도 뒤처져 신장 전 지역 중에서도 빈곤 문제가 심각한 지역으로 알려진 곳이다. 이러한 상황은 신장 남부 지역에서 2013~2014년에 걸쳐 민족 간의 폭력적 대립이 많이 발생한 점과 결코 무관하지는 않을 것이다.

중국 정부계 언론 보도 등에 따르면 그러한 상황에 놓인 신장 남부의 고용 창설과 빈곤 해소를 이끌고 사회를 안정화시키기 위한 '중심 정책'으로 정부가 전면적으로 지원한 대상이 의류업 등의 노동집약적 산업이었다.[37]

무엇보다도 현지 정부의 최고 책임자가 본인의 입으로 신장의 그러한 '직업 훈련'은 사회질서 안정을 위해 요청된 일이라고 분명히 말하고 있다.[38]

한편 재교육 캠프가 보이는 저임금 노동 시설이라는 측면은 조금 전에 살핀, 사회적 영향력을 가진 사람들의 수용 측면과 함께 생각해야 한다. 즉, 신장에서 일어나는 사태의 부조리함을 소수민족 언어와 다수인 민족의 언어(한족어) 둘 다로 논리적으로 말할 수 있는 사람들 혹은 민족의 전통문화를 이어가고 그 정체성이나 자긍심을 상징하는 사람들의 발언이나 활동을 막고, 그들이 그저 단순노동 인력으로서만 무력하게 살아가게 하겠다는 당국의 의도를 엿볼 수 있기 때문이다.

온정주의와 감시 체제

신장의 재교육 캠프의 세 번째 면모는 감시기술을 구사한 통치의, 이른바 '실험장'으로서의 측면이다. 이 측면에서는 기술을 통한 정부의 감시가 사람들의 생활에 온정주의적으로 개입하는 일과 강하게 연결되었다는 점을 짚고 싶다.

예를 들면 신장에서는 2014년부터 '민족 간 융화'와 빈곤 감소를 명목으로 지방정부의 공무원이 튀르크계 주민의 가정에 머무르며 '친족 같은 관계'를 가지는 '팡후이주访惠聚, "인민의 생활을 살피고, 민생을 개선하고, 민심을 모은다(访民情, 惠民生, 聚民心)"라는 말을 줄인 조어'라는 프로그램이 널리 실시되었다는 보고가 나와 있다.39

위구르인 가정을 방문하는 공무원은 가족들의 주된 말과 행동을 아이들에게 묻는 일을 정부 매뉴얼이 권장한다고 말한다. '아이는 거짓말을 하지 않기' 때문에, 아이들의 발언이 그 부모가 재교육을 받을 필요가 있는지 없는지 판단하는 유력한 판단 근거가 되기 때문이다.40

앞의 예는 실제 사람을 통한, 말하자면 고전적인 수법의 개입 사례다. 하지만 2016년경부터는 주민의 스마트폰에 스파이웨어 앱을 의무적으로 설치하게 하는 등 정보통신기술을 이용해 개인정보를 수집하고41, 또한 DNA나 홍채 데이터, 음성이나 걸음걸이 등의 생체정보를 수집하고 있다.

그중에서 후자의 생체정보 수집은 '민생 향상'이라는 온정주의적 개입과 맞물려 진행된다는 점이 특징이다. 예를 들어 DNA 샘플 등은 많은 사람들이 무료로 받은 건강진단 프로그램인 '전민건강체험全民健康体检'을 실시할 때 수집한 것으로 보인다.[42] 중국 정부와 공산당의 공식 발표에 따르면, 2017년 12월 시점에서는 신장 전체의 74.1%, 카슈가르시에서는 99.47%가 전민건강체험 검사를 받았다고 한다.[43]

전자의 스마트폰 앱을 통한 개인정보 수집에 대해서는 국제인권단체 휴먼 라이츠 워치Human Rights Watch가 스파이웨어 앱 1종을 설치한 스마트폰을 입수하고 앱의 소스 코드를 '역공학reverse engineering(기존 소프트웨어의 구조나 동작을 해석해 사양과 설계 등을 밝히는 것)' 작업으로 풀어내, 스파이웨어 앱이 어떤 기능을 하는지를 상세히 분석한 보고서를 공표했다.[44]

해당 보고서에 따르면 당국이 주민의 가족 구성, 개인이 보유한 자동차 정보, 은행 계좌, 외국 도항 이력, 교우 관계, 신앙 등의 개인정보를 앱으로 대량 수집하고 그 데이터를 개인의 신분증(주거증) 정보와 연계해 치안 유지 목적으로 이용한다고 한다.

흥미로운 점은 보고서가 그러한 개인정보를 입수한 당국이 신장에 사는 튀르크계 주민의 어떤 행동을 문제시해 경계 대상으로 삼는지에 대해 분명히 밝혔다는 것이다. 정부 당국이 가장 경계하는 행동 중 하나는 모스크에 기부하거나 허가 없이 쿠란을 외우는 등 이슬람교 신앙과 관련된 종교 활동이고, 또 하나는 외국인과의 접촉 및 교류다.

예를 들어 주민이 외국 국적의 사람과 SNS로 대화를 주고받으면 그 모든 것이 당국에 파악되고 공무원의 조사 대상이 된다고 해당 보고서는 지적한다. 또한 해외에 아주 오래 거주했던 사람들, 해외에서 귀국한 지 얼마 되지 않은 사람들도 특히 엄격한 감시 대상이 된다고 한다.

또한 그 보고서에 따르면 주민의 행동은 항상 감시되며, 스파이웨어 앱이 설치되지 않은 전화기를 사용했을 때, '평소'보다 더 많은 전력을 사용했을 때, 미등록된 자택이나 직장에서 일정 거리 이상 떨어진 장소로 이동했을 때 등, '통상의 상태'에서 조금이라도 벗어난 행동이 검출된 경우 당국의 감시 시스템은 해당 행동을 보인 사람들을 조사 대상으로 삼는다고 한다.

도구적 합리성의 폭주

이러한 감시 시스템의 큰 문제점은 당국이 금지하는 행동이 무엇인지 명확하지 않기 때문에 주민들이 공포심을 느끼다가 결국 행동을 지배당하는 결과를 낳는다는 점이다. 당국에 의한 감시나 개인정보 수집이 자의적으로 이뤄질 때의 필연적인 결말이라고 말할 수 있다.

중국이 1998년에 서명한(단, 비준하진 않았다) 시민적 및 정치적 권리에 관한 국제규약(자유권 규약, B규약)은 모든 시민이 개인이나 가족의 사생활, 나아가서 통신과 관련해 정부의 자의적이고 위법한 간섭을 받지 않도록 규정하고 있다.

또한 형사소송법 등의 중국 법률에서도 개인의 생체정보 수집은 범죄 용의자가 아니면 할 수 없도록 정해져 있다.45 때문에 중국 정부가 생체정보를 포함한 개인정보를 수집하는 행위에는 충분한 법적 근거가 없다.

이에 대해 중국 정부는 건강 검사 등으로 주민의 동의 없이 DNA를 채취하지 않는다고 반론하고 있다. 그러나 휴먼 라이츠 워치는 정부가 검사를 받은 모든 개인에게서 DNA 샘플을 채취했고, 당시 사전 동의를 받거나 생체정보 수집 이유를 설명할 의무도 지지 않았다고 보고하고 있다.

이러한 생체정보 수집은 가령 특정 민족을 목표로 한 범죄 방지 프로그램을 실시할 때 이용되는 듯하다. 예를 들어 《뉴욕타임스》는 2016~2017년에 걸쳐 채취되었다는 위구르인의 혈액 및 DNA의 해석에 미국의 생명과학 기업인 써모피셔 사이언티픽Thermo Fisher Scientific의 기기와 미국의 저명한 유전학자가 제공한 DNA 샘플이 이용되었다고 보도했다.

또한 휴먼 라이츠 워치는 중국 정부기관의 연구진이 유전자 정보를 이용해 민족 및 인종을 구별하는 연구를 하고 있고, 나아가 연구 성과를 이용해 '범죄 현장에 남은 용의자의 DNA에서 그 민족과 거주 지역을 추론할 수 있도록 하는 시스템'을 개발해 특허출원을 했다고 전했다. 이에 써모피셔 사이언티픽은 그에 대한 비판을 받고

신장에서 기기 판매를 중지했다는 보도도 나왔다.[46]

신장에서는 그러한 생체정보를 수집하며 어떤 속성을 가진 사람들을 특정 경향의 집단으로 추출하는, 말하자면 세그먼트화가 일상적으로 이뤄져 왔다고 볼 수 있다. 그렇게 추출된 특정인들에게 '범죄율이 높다'는 식의 딱지를 붙여 항상 감시 대상으로 삼으며 끝내는 자유까지 빼앗고, 나아가 데이터를 바탕으로 한 '예측 원리'를 근거로 일련의 감시는 사회 안정화를 위해서는 어쩔 수 없다는 식으로 정당화한다. 그 최종적인 결과가 100만 명이나 되는 사람들을 수용하는 재교육 캠프라는 점은 이제 의심할 여지가 없다.

지금 시점에서 개인정보를 세그먼트화하여 시민을 예방적으로 구속하는 조치를 중국의 다른 지역에서 실행한다면 격렬한 저항에 부딪히리라는 것은 쉽게 상상할 수 있다. 하지만 기술적으로는 이미 가능함을 재교육 캠프가 증명한다. 그러한 의미에서 신장은 그야말로 감시기술을 이용한 통치의 실험장이 되었다고 말하지 않을 수 없다.

지금 신장 위구르 자치구에서 일어나는 일을 생각할 때 간과해서 안 되는 사실은 '치안 강화'라는 목적 그 자체가 의심할 수 없는 전제로 주어지고, 모든 것이 그 목적을 실현하기 위해 이뤄지고 있다는 점이다.

분명 기술을 이용한 관리·감시의 철저화로 신장에서 폭력적인 충돌 사건이 표면적으로는 자취를 감추었는지도 모른다. 하지만 죄를 짓지도 않은 다수의 사람들의 자유를 빼앗고 고통을 주면서까지 그러한 치안 강화를 실현하는 일이 과연 정말로 '정당'한지, 다른 방법은 없었는지 등에 대한 물음은 결코 없다.

'도구적 합리성' 그 자체의 올바름을 묻는 '메타 합리성'의 입장에서 치안 체제 강화의 잘잘못을 묻는 일은 본래 언론인이나 학자 등 지식인이 할 일이다. 그러나 이미 보았듯이 유력한 위구르인 지식인층은 모조리 구속되고 발언의 기회를 박탈당했다. 다수인 한족 지식인도 언제 자신들에게 불똥이 튈지 모르는 상황에서 신장 위구르 문제에 대해 발언하는 일은 사실상 불가능에 가까워 보인다.

이러한 상황이야말로 '도구적 합리성의 폭주'라고 할 만한 사태를 신장에 초래하지 않았을까? 2019년 7월에 일본을 포함한 22개국은 위구르인의 대규모 구속 정지를 요구하며 유엔 인권위원회에 보내는 공동 서한에 서명했다. 치안 체제 강화를 무리하게 실현한 결과, 민족 간 대립을 더 심각하게 만든 재교육 캠프는 하루라도 빨리 해체되어야 한다.

기술에 의한 독재는 계속될까

현대의 감시사회론에서 일종의 '하이퍼 판옵티콘론', 즉 '만인이 만인에게 감시받는 사회를 긍정하고, 감시하는 자를 엄하게 감시할 권리를 시민의 권리로 인정하려는' 흐름이 존재하는 점은 3장에서 자세히 설명했다.

이러한 흐름은 (관리·감시)기술이 정치체제에 대해 중립적이라고 전제하고, 기술이 독재적으로 이용되지 않기 위해서는 '시민이 그 사용법을 감시해야 한다'는 생각에 기반한다. 모든 기술은 양날의 검 같아서, 사용법에 따라 사람들의 행복도를 향상시킬 수도 있지만 동시에 당국이 시민을 억압하는 도구도 되기에 기술의 사용법을 모두가 통제하는 편이 좋다는, 지극히 상식적이고 온건한 사고방식이다.

하지만 기술의 보급과 발전은 시민에 의한 기술 점검이나 통제가 기본적으로 작용하지 않는 권위주의 국가에서도 마찬가지로 일어난다. 그러한 사회와 국가에서는 기술이 독재 권력을 강화하는 역할밖에 하지 않을까? 다시 말해, 관리 및 감시기술은 민주화의 적이라고 할 수 있을까?

이러한 문제의식에서 시작해 기술과 중국 특유의 권력 양상을 정면에서 묘사한 디스토피아 소설로 《세레모니大典》가 있다. 저자 왕리슝王力雄은 책의 후기에서 이렇게 말한다.

컴퓨터와 인터넷 시대는 인간을 숫자의 존재로 바꿨다. 독재자는 디지털기술을 사용해 소수로서 다수를 지배할 수 있게 되었다. 빅데이터는 모든 흔적을 파악한다. 알고리즘은 의심스러운 모든 것을 찾아낸다. 독재 권력을 휘두르는 사람의 수는 적을지 몰라도 컴퓨터의 능력은 인간의 몇만 배에 달한다.

독재 권력은 필적할 만한 것이 없는 강대한 기술을 갖고 있다. 과거의 독재자가 이루지 못한 일을 오늘날의 독재자는 이룰 수 있다. 하지만 과거의 저항자가 이룬 일을 오늘날의 저항자는 이룰 수 없다. 기술은 독재의 수단만을 제공하는 것은 아니다. 독재에 그 물질적 기초도 제공한다. 현대 과학기술은 이제 더 이상 기아가 발생하지 않음을 보증하기 때문이다.47

물론《세레모니》의 소설 세계에서는 물샐틈없는 감시 체제로 강고한 독재 구조를 구축한 정권이 어이없이 붕괴한다. 게다가《삼국지》나《수호전》에 등장하는 영웅호걸이 아니라, 보신에 힘쓰는 관료나 야심가 상인, 변경의 경찰관, 정치 문외한인 엔지니어 같이 평범한 인물에 의해 무너진다.

이는 무엇을 의미하는 걸까? 왕리슝은 기술에 의한 독재에는 '중요한 아킬레스건'이라고 할 만한 점이 있다며 이렇게 말한다.

독재 권력이 일취월장하는 기술을 기반으로 해야 한다면, 독재자는 그러한 최신 기술을 직접 이해도 관리도 운용도 할 수 없다. 스스로 조작할 시간도, 그럴 에너지도 없다. 전문가에게 명령해 그들에게 맡길 수밖에 없는 것이다. 하지만 그러한 기술과 독재 메커니즘의 접점에 존재하는 사람들은 독재 메커니즘에 대해 소수로써 다수를 제압하는 능력이 있다. 한편 독재 체제가 예전부터 양성해 온, 내부자에 대한 통제 수단은 그들에게 통하지 않는다. 왜냐하면 독재자는 새로운 기술에 무지하기 때문이다. (중략)

기술은 독재 권력을 난공불락의 요새로 바꿔놓았다. 그러나 그 붕괴도 갑자기 다가오게 한다. 기술에 의한 독재가 직면하는 불확실성은 전통적인 독재와는 비할 수도 없다.[48]

《세레모니》에서 묘사된 세계는 '만인의 만인에 의한 감시'라는 하이퍼 판옵티콘적인 상황이 공산당 지도자, 엘리트 관료, 시스템을 설계하는 엔지니어 등, 사회 엘리트층 사이에서만 일어나는 세계라고 할 수 있다.

다시 말해서 엘리트(중국에서 말하는 사대부)는 서민과는 거리가 먼 특권을 얻을 수 있는 대신 철저한 상호 감시 상황에 놓인다는, 이른바 '엘리트들의 하이퍼 판옵티콘'이라고도 부를 수 있는 사회가 《세레모니》에 그려진 감시사회의 이미지다. 이 엘리트와 서민의 이분법적인 세계관이 중국 사회의 전통적인 통치관에 비추어 딱 맞아떨어지는 점은 5장에서 소개한 오카모토 다카시의 저서 등에서 이미 지적되었다.

소설 《세레모니》는 자신의 특권 생활을 기꺼이 자유와 맞바꾸는 엘리트들이 자신들의 행동 원리를 관철해 난공불락의 요새와 같은 지배 체제를 내부에서 붕괴시켜 버리는 모습을 치밀한 구성으로 그리기 때문에, 절망적인 상황을 그리면서도 어딘가에서는 통쾌한 느낌을 준다.

엘리트들의 하이퍼 판옵티콘

여기서 다시 한번 왕리슝의 말을 인용해 본다.

독재와 기술이 결합한다면, 민주주의 역시 기술과의 결합을 목표로 해야 한다. 독재가 일취월장으로 발전한다면 종래의 민주주의로는 맞설 수 없다. 기술에 의한 민주주의만이 기술에 의한 독재를 최종적으로 이길 수 있을 것이다.49

왕리슝이 말하는 '기술에 의한 민주주의'란 말하자면 모든 시민에게 권력자의 감시를 요구하는, 현대 감시사회론이 주장하는 하이퍼 판옵티콘적인 사회와 다를 바가 없다. 다만 이러한 '만인의 만인에 의한 감시'가 실현될지는 중국 같은 권위주의 국가가 아니라고 해도 그다지 낙관할 상황은 아닌 것 같다.

현대의 기술은 단지 진보가 빠를뿐만 아니라—3장에서 말한 즈마신용의 점수 산출에 이용되는 알고리즘으로 대표되듯이—학습 능력은 대단히 높지만 추론의 근거를 설명할 수 없는, 이른바 블랙박스 AI가 주류기 때문에 대부분 '잘 이해할 수는 없지만 일단 따르면 편리성이 높아지는' 성격을 갖기 때문이다.

현재 AI의 판단 구조를 인간도 이해할 수 있도록 하는 연구도 진행되고 있지만, 감시 원리가 밝혀지면 곧 AI의 판단을 얼렁뚱땅 넘기는 '핵hack(빠져나갈 길을 만드는 행위)'이 퍼질 위험도 생긴다. 때문에 중국이든 미국이든 일본이든 일반 시민이 자신의 행농에 영향을 미치는 다양한 기술과 관련된 기본 지식을 얻기 대단히 어렵게 만들고 있다.

이러한 사실을 생각한다면 앞으로 우리가 살아갈 세계는 오히려 《세레모니》에서 묘사된 세계처럼, 기술을 이해하는 '엘리트'와 '서민'이 서로 동떨어진, '엘리트들의 하이퍼 판옵티콘'이라고 부르는 편이 훨씬 현실적이지 않을까? 왜냐하면 현대 중국의 기술 발전을 둘러싼 상황은 현대적인 기술 진보에 빼놓을 수 없는 데이터의 분산처리와 정치권력의 집중화가 서로 모순되지 않음을 나타내기 때문이다.

1장에서 블록체인 등 분산형 네트워크를 이용한 정보처리기술을 개발하고 적용하는 데 중국이 세계 첨단을 달릴 가능성이 있다고 잠깐 언급했다. 예를 들어 중국에서는 주요 세수 중 하나인 부가가치세 징수 및 매입 금액의 공제에 꼭 필요한 송장(중국어로는 '파퍄오发票')를 발행할 때 그 위조나 이중발행을 막기 위해 블록체인 기술을 이미 널리 사용하고 있다고 한다.[50]

또한 중국을 대표하는 정보통신기술 기업인 알리바바는 데이터의 분산처리를 통해서 전자거래와 결제 비용 절감 부문에서 여러 가지 혁신을 실현해 왔다. 2018년 6월부터는 분산처리 기술을 응용한 블록체인으로 무료 해외송금 서비스를 시작해 은행 계좌가 없는 해외 이주 노동자에게 보급할 전망이다.[51]

예전에는 블록체인 같은 데이터 분산처리 구조가 대기업 금융기관이나 정부 등에 집중된 정보처리 권력이나 권한을 분산화해 시스템을 더 '민주적'으로 만드는 구조라고 여겼다.[52] 그러나 중국의 사례는 데이터 처리의 분산화나 시스템의 민주화 그 자체만으로는 정치권력의 분산화나 민주화를 반드시 가져오지는 않는다는 점을 보여준다.

이러한 중국의 현실은 정치권력과 데이터 처리 시스템 양쪽이 집중화된《1984》의 빅브라더적인 사회와도 다르고, 반대로 정치권력과 데이터 처리 시스템의 양쪽이 모두 분산화·민주화된 하이퍼 판옵티콘 사회와도 다른, 즉 정치권력의 집중화와 데이터 처리의 분산화가 공존하는《세레모니》속 세계관에 독특한 사실성을 부여하는 듯하다.

다만 그러한 '엘리트들의 하이퍼 판옵티콘' 세계는《1984》적인 디스토피아와는 다르고 사람들의 욕망이나 행복 실현을 희생으로 삼지 않는 반면에, 왕리슝이 지적하듯이 본질적인 불안정성을 내포한다. 그렇기 때문에 그 세계가 얼마나 지속 가능한지, 혹은 중국 이외의 지역에 전파될 가능성이 있는지는 향후 중국 사회의 변화뿐만 아니라 중국 이외의 지역에 적용되는 기술의 동향에 의해서도 크게 좌우되리라고 생각한다.

일본에서도 일어날 가능성

이쯤에서 이 책의 내용을 정리할까 싶다. 이 책에서 우리는 중국 사회가 기술과 그것의 사회 적용으로 더 편리하고 쾌적해지는 변화를 공리주의적으로 추구하고 있다는 점을 한결같이 주목했다. 게다가 그러한 현상의 의미를 시민사회의 기반이나 공공성, 혹은 사회 통치의 양상까지 포함해 더욱 넓은 시야로 논의했다.

예를 들어 이 책 3장과 5장에서는 중국 사회는 전통적으로 공과 사 간의 괴리가 해소되기 어렵고, '시민적 공공성'의 실현이 어렵다는 점을 짚었다. 그리고 최근 중국에서는 정부나 민간기업이 온정주의적으로 설계한 아키텍처나 알고리즘에 사람들이 자발적으로 따르면서 중국 사회의 전통적 공과 사의 괴리를 해소하는 것이 아닌지, 또한 그 결과 중국 사회는 점점 바르고 예측 가능해지는 게 아닌지 문제를 제기했다.

한편 정부나 기업이 빅데이터에 근거해 실행하는 '이렇게 행동하면 더 행복해진다' 식의 제안(넛지)이나 아키텍처에 대해서 살폈다. 또한 그 제안이나 아키텍처가 인간의 존엄을 박탈하는지를 감시 및 점검하는 역할인 '시민사회'의 기반은 결여된 채, 도구로서의 통치기술만이 급속히 진화하는 현상의 위험성에 대해서 이 책으로 짚어 보았다.

또한 중국 사회에는 이미 '도구적 합리성'에 의해 유지되는 '알고리즘적 공공성'의 폭주가 현실로 일어나는 것은 아닌지, 가장 단적인 사례가 신장 위구르 자치구의 재교육 캠프로 대표되는 튀르크계 주민에 대한 자유의 박탈 문제가 아닌지 등의 문제의식을 바탕으로 현대 중국에서 진행되는 움직임에 미미하게나마 경종을 울리고자 했다.

하지만 '그러한 도구적 합리성의 폭주는 중국 같은 사회주의 일당독재국가에서나 일어나는 일이니, 그렇지 않은 우리 사회와는 관계없는 일'이라는 식으로 생각할 수는 없을 것이다. 거기에는 몇 가지 이유가 있다.

첫째, 사람들을 취향이나 속성에 따라 세그먼트화·계층화하는 일과 계층의 고정화가 사회 안정을 위해서는 어쩔 수 없다는 식으로 추후에 정당화하는 일은, 더 편리하고 쾌적하게 살고 싶은 사람들의 욕망을 흡수하는 형태로, 공리주의가 주요한 자본주의 사회 어디에서나 일어날 수 있기 때문이다. 예를 들어 J 스코어, 야후 스코어, LINE 스코어와 같이 알고리즘을 이용한 신용점수 서비스가 일본에도 많이 도입된 상황은 이를 단적으로 보여준다.

둘째, 기술 진보는 우리 사회에서도 일반 시민이 감시사회화의 구조를 이해하기 어렵게 하고 있다. 또한 거대 민간기업이나 정부가 최첨단 수준의 기술을 이용해 행동을 세련되게 관리·감시하려는 움직임을 시민이 적절히 감시하려고 할 때의 장애물은 점점 높아지고 있다. 특히 일본 사회는 지금까지 "시민적 공공성의 기반이 취약하다"라는 지적을 자주 받았다. '감시 때문에 스트레스를 느끼는 사람들은 사회 엘리트층이나 의식 수준이 높은 진보적 지식인

뿐'이라는 '엔리트들의 하이퍼 판옵티콘'의 세계가 대부분의 일본인에게도 결코 남 일이 아닌 이유는 바로 그 때문이다.

그리고 셋째로, 감시기술 등의 기술을 사회 통치에 어떻게 유용하게 쓰고 어떻게 공공성을 실현해 가면 좋을지는 바로 답을 내릴 수 있는 문제가 아니기 때문이다. 기술을 명백히 적대시하고 그 도입을 거부하는 움직임은 '러다이트 운동(산업혁명 때 영국에서 일어난 기계 파괴 운동)' 때부터 반복되었으니, 감시기술을 도입할 때에도 러다이트 운동과 같은 선택을 할 수도 있겠다. 하지만 기술이 사회를 되돌릴 수 없는 형태로 바꿔버리는 현상도 부정할 수 없는 현실로 보인다.

의미를 부여하는 주체는 인간이고 사회다

이러한 논의들을 바탕으로 우리는 어떻게 해야 할까? 뻔한 말일지도 모르겠지만 역시 중요한 일은 '기술을 도입해 생기는 사회 변화의 방향성이 바람직한지 아닌지'를 끊임없이 묻는 것밖에 없다고 생각한다.

예를 들어 '아키텍처'라는 개념을 넓힌 레시그는 무료 소프트웨어나 인터넷 그 자체가 가지는 아키텍처를 그저 칭찬하거나 무의미하게 경계하지 않고, 아키텍처가 사람들의 행동을 규제하는 동시에 새롭고 자유로운 가치를 낳을 가능성이 있다는 점도 강조했다.

사회학자 스즈키 겐스케鈴木謙介도 말하듯이, 특정 아키텍처 때문에 사람들은 "방대한 정보 축적을 통해 행동을 제한받는 동시에, 행동을 제한받은 사실을 자발적 의사에 따른 의미 있는 행동으로 근거를 부여하게" 되는 측면이 있다. 당연하겠지만 특정 아키텍처나 기술이 그 자체만으로 좋거나 나쁜 결과를 가져오지는 않고, 그것들에 의미를 부여하는 주체는 인간이고 사회기 때문이다.

　바꿔 말하면 현대의 감시사회화에 대해 생각할 점은 결국 우리 사회에 기술을 어떻게 사용할지를 생각하는 것밖에 없다. 그리고 우리가 그 존재를 긍정하든 하지 않든 AI 등의 새로운 기술은 점점 발전할 것이다.

　감시사회화를 초래하는 신기술 도입에 대한 논의는 이제서야 막 시작되었다. 신기술을 어떻게 받아들여야 할지, 어떻게 제한하고 비판해야 할지는 앞으로 제대로 깊이 논의해야 할 것이다. 지금까지 봐왔듯이 특히 중국에서는 기술과, 기술을 사회에 적용한 아키텍처가 실제로 사람들의 행동 패턴뿐만 아니라 사고방식까지 크게 변화시키고 있다. 이러한 현상에 조금씩 관심을 가지는 일은 앞으로의 논의에서도 큰 힌트를 얻어갈 일이 될 것이다.

　또한 최근의 일본 사회만 보더라도 기술이 가져올 편리성을 긍정적으로 생각하는 사람들이 중국의 빠른 기술 구현과 그에 따른 새로운 비즈니스에 매력을 느끼는 현상이 여기저기서 발생하는 것 같다. 이는 앞으로의 중일 관계가 정치나 경제에 더해 '기술'을 축으로 움직일 가능성을 암시하는 것이다.

앞으로 중일 관계를 새로이 짊어지고 갈 사람들은 이 책, 특히 이 7장에서 논의한 문제처럼 마음이 조금 우울해지는 문제도 어느 정도 관심을 가져주기를 바란다. 그러한 관심이 무엇보다 앞으로 일본과 중국이 좋은 이웃이 되기 위해 필요한 '마음의 준비'가 되리라고 생각하기 때문이다.

마치며

　세상에는 일단 입장이 갈리면 양쪽이 각자의 입장을 고집해 건설적인 대화가 이뤄지지 않는 문제가 몇 가지 있다. 일본에서는 원자력 발전이나 헌법 개정을 둘러싼 문제가 그 전형적인 예지만, '사회 감시의 정도를 강화할지 어떨지'에 대한 문제도 그중 하나인 것 같다. 다만 감시와 관련된 문제는 단순히 '편리성이냐, 프라이버시냐', '사회 보안이냐, 개인의 자유냐' 같이 어떤 시각에서 의견이 대립할 뿐만 아니라 감시가 도입된 후의 수용, 즉 '익숙해짐'을 둘러싼 평가가 갈려 곤란하다.

　다시 말해 '감시사회화'를 둘러싼 대립은 사실 '현시점의 불쾌함'을 강조하는 입장과 '훗날에는 불쾌함이 소멸(=익숙해짐)'할 개연성이 크다고 강조하는 입장의 대립으로 이해할 수 있을지도 모른다. 그리고 적어도 지금까지의 일본 사회에서는 이 양자의 싸움에서 거의 항상 후자가 승리해 왔다. 이 점은 우리가 사는 사회가 이 책에서도 다룬 결과주의·행복주의·집계주의의 삼위일체, 즉 공리주의적인 사고방식에 강한 영향을 받는 사실을 방증한다고 볼 수도 있다. 어차피 인간은 새로운 환경에 익숙해지기 마련이니까 현시점에서 느껴지는 불쾌함 같은 것은 무시해도 좋다는 생각은 과연 올바른 것일까?

　분명 인간은 어차피 새로운 환경에 익숙해진다고 해도, 이는 우리가 새로운 환경에 익숙해지기까지 일정한 시간과 절차 등이 필요하다는 사실과 특별히 모순되진 않는다. 때문에 감시(방범)카메라 설치에 익숙해진 많은 사람들도 중국에서의 다양한 감시기술 도입이나 신용점수 보급을 불쾌하거나 무섭다고 느끼는 것이 아닐까? 그러한 의미에서, 이 책에서 다룬 중국의 감시사회화는 그 진행 속도가 너무나 빠르고, 사람들이 충분히 이해하고 익숙해지는 데 필요한 시간을 주지 않고 있는 점이 가장 큰 문제가 아닐까 싶다. 그리고 이 문제는 그 양상의 차이를 넘어서, 사회의 본질적인 차이와도 관계가 있지 않을까. 그러한 문제의식이 이 책, 특히 후반부의 모티프 중 하나가 되었다.

"행복한 감시국가"라는 이 책의 제목에 대해서는 다양한 의견이 있을지도 모른다. '행복'이라는 말이 결국 사람에 따라 여러 이미지를 불러일으키기 때문이라고 생각한다. 본문을 읽으면 알겠지만, 이 책에서는 각자의 내면에서 '행복'이란 무엇인지에 대한 문제는 거의 언급하고 있지 않다. 이 책에서 '행복'이라는 말을 사용할 때는 공리주의적인, 쾌락이 더 많은, 고통이 더 적은 상태라는 의미로 줄곧 사용했다. 즉, 이 책에서 고찰한 '행복한 감시국가(사회)'의 본질은, '최대 다수의 최대 행복'의 실현을 위해 그 수단으로 사람들을 감시하는 국가(사회)일 것이다.

말할 필요도 없이 위 정의에는 현재 어떤 형태로든 시민을 감시하는 기술이나 제도를 도입하는 거의 모든 국가나 사회가 해당된다. 때문에 현재 중국 사회에서 일어나는 현상은 기본적으로 어느 사회에서도 일어날 수 있는 보편적인 문제로 받아들여야 한다는 점이 이 책에서 여러 번 반복해 전하는 메시지다.

NHK출판의 야마키타 겐지山北健司 씨로부터 이 책의 출판 제안을 받은 때는 지금으로부터 3년 전인 2015년이었다. 당시에는 중국의 '감시사회화'가 이 정도로 화제가 되리라고는 필자도 전혀 예상하지 못했고, 막연히 당시 출간된 지 얼마 안 된《일본과 중국, '탈근대'의 유혹日本と中国、「脱近代」の誘惑》이라는 책의 테마 중 하나였던 중국 사회의 공과 사를 둘러싼 문제를 좀 더 구체적인 시민사회론과 연결해 써보자는 생각을 하고 있었다.

그 후 일본에서도 중국의 눈부신 혁신과 사회에서의 적용, 그리고 그 변화를 뒷받침하는 무현금화 등이 화제가 되고, 그 연장선상에 즈마신용 등의 신용점수나 사회신용시스템의 도입이 화제가 되었다. 중국 경제의 동향을 지켜보는 사람으로서 그러한 사회의 변화를 쫓아가는 동안, 중국 사회 특유의 맥락에서 자주 언급되는 시민사회 문제가 소위 감시사회화 문제와 깊은 관계가 있다는 사실을 알게 되었다.

다만 그다지 자주 중국을 방문하지도 않은 일개 대학교수로서는 중국 사회, 특히 사회에서의 다양한 기술의 적용이 가져올 격심한 변화를 따라가기도 벅차 도저히 이 주제로 책 한 권을 집필할 자신이 없었다. 그래서 그 해결책으로 오랜 지기이자, 기술이 초래할 사회 변화에 정통한 자유기고가 다카구치 고타 씨에게 협력을 청한 때가 2017년 말이었다. 그러한 이유로 이 책은 필자인 가지타니가 1장과 5장~7장을, 다카구치 씨가 2장~4장을 주로 집필했다.

다만 집필을 분담하면서 두 사람의 문장 스타일이나 집필 속도가 달라 야마키타 씨에게 그에 대한 조정 등으로 큰 신세를 졌다. 출간 일정이 정해지기까지 많은 애를 써주신 야마키타 씨에게 다시 한 번 감사드린다. 또한 바쁜 와중에도 이 책의 교정 원고를 읽고 귀중한 조언을 해주신 이토 아세 씨, 그리고 책의 추천사를 흔쾌히 작성해 주신 야마가타 히로오山形浩生 씨에게도 이 자리를 빌려 감사의 말을 전한다.

아무튼 이 책이 오해를 불러일으키기 쉬운 '중국의 감시사회'에 대한 독자의 이해를 돕고 앞으로의 문제를 생각하는 계기가 되기를 바란다.

2019년 7월 11일

저자를 대표해 **가니타니 가이**

주

1 예를 들면 《주간 동양경제週刊東洋経済》 '데이터 계층 사회データ階層社会' 특집(2018. 12. 1.) 혹은 《닛케이 비즈니스日経ビジネス》 '여기까지 온 감시사회ここまで来た監視社会' 특집(2018. 11. 12.) 등.

2 〈사회신용점수로 작년 중국에서 2천만 명 이상 비행기 등 이용 금지中国昨年2千万人超、飛行機などの利用禁止 社会信用スコアで〉, 《로이터Reuters》, 2019년 3월 7일.

3 '국무원 사회신용시스템 건설계획 강요(2014~2020)의 통지国务院关于印发社会信用体系建设规划纲要(2014~2020)的通知', 중화인민공화국 중앙인민정부 웹사이트, (http://www.gov.cn/zhengce/content/2014-06/27/content_8913.htm).

4 유발 하라리Yuval Noah Harari(2018), 《호모 데우스 하편ホモ・デウス(下)》, 시바타 야스시柴田裕之 옮김, 가와데쇼보신샤河出書房新社, 218쪽. (《호모 데우스》, 김영사)

5 이노우에 도모히로井上智洋(2019), 《순수기계화 경제—두뇌 자본주의와 일본의 몰락純粋機械化経済—頭脳資本主義と日本の没落》, 니혼게이자이신문출판사日本経済新聞出版社, 45쪽.

6 스케가와 다케시助川剛, 〈항저우시의 'ET 도시 대뇌' 프로젝트杭州市の〈ET城市大脳〉プロジェクト〉, 《건축토론建築討論》, 2018년 1월 30일.

7 비교적 최근에 나온 걸작으로는 이토 게이카쿠伊藤計劃의 《하모니ハーモニー》(《세기말 하모니》, 알에이치코리아)를 들 수 있을 것이다.

8 〈중국, 살인 사건 발생 건수 최저국 순위 진입, 사회 치안 만족도 95.55%로中国、殺人事件発生数最低国にランクイン 社会治安の満足度が95.55%に〉, 《인민망 일본어판人民網日本語版》, 2018년 1월 25일.

9 오야 다케히로大屋雄裕(2014), 《자유인가 행복인가?—21세기의 '있을 법한 사회'를 묻는다自由か、さもなくば幸福か?—二一世紀の〈あり得べき社会〉を問う》, 지쿠마쇼보筑摩書房, 224쪽.

10 데이비드 라이언David Lyon(2019), 《감시의 문화—사회의 감시를 받는 시대에서, 사람들이 감시하는 시대로監視文化の誕生—社会に監視される時代から、ひとびとが進んで監視する時代へ》, 다바타 아케오田畑暁生 옮김, 세이도샤青土社.

11 우에무라 구니히코植村邦彦(2010), 《시민사회란 무엇인가—기본 개념의 계보市民社会とは何か—基本概念の系譜》, 헤이본샤平凡社.

12 위르겐 하버마스Jürgen Habermas(1994), 《공공성의 구조전환 제2판公共性の構造転換 第2版》, 호소야 사다오細谷貞雄・야마다 마사유키山田正行 옮김, 미라이샤未来社, 38쪽. (《공론장의 구조 변동》, 나남출판)

13 리옌옌李妍焱(2012), 《중국의 시민사회―움직이기 시작하는 풀뿌리 NGO中国の市民社会―動き出す草の根NGO》, 이와나미쇼텐岩波書店, 3쪽.

14 스즈키 겐鈴木賢(2017), 〈권력에 순종적인 중국적 '시민사회'의 법적 구조権力に従順な中国的「市民社会」の法的構造〉, 《현대 중국과 시민사회―보편적 '근대'의 가능성現代中国と市民社会―普遍的《近代》の可能性》 이시이 도모아키石井知章·오가타 야스시緖形康·스즈키 겐 편집, 벤세이출판勉誠出版, 537·559쪽.

15 쓰지나카 유타카辻中豊·리징펑李景鵬·고지마 가즈코小嶋華津子(2014), 《현대 중국의 시민사회, 이익단체―비교 속의 중국現代中国の市民社会·利益団体―比較の中の中国》, 보쿠타쿠사木鐸社, 27쪽.

16 리옌옌李妍焱(2018), 《아래로부터 구축되는 중국―'중국적 시민사회'의 현실下から構築される中国―「中国的市民社会」のリアリティ》, 아카시쇼텐明石書店, 299쪽.

17 히라타 기요아키平田清明(1969), 《시민사회와 사회주의市民社会と社会主義》, 이와나미쇼텐岩波書店, 146쪽.

18 오카모토 다카시岡本隆司(2018), 《세계사 서설―아시아사에서 바라보다世界史序説―アジア史から一望する》, 지쿠마쇼보筑摩書房, 240쪽.

19 위의 책, 237~238쪽.

20 미조구치 유조溝口雄三(1995), 《중국의 공과 사中国の公と私》, 겐분출판研文出版, 225~256쪽.

21 안도 가오루安藤馨(2010), 〈공리주의와 자유―통치와 감시의 행복한 관계功利主義と自由―統治と監視の幸福な関係〉, 《자유에 대한 물음 4 커뮤니케이션―자유로운 정보 공간이란 무엇인가自由への問い4 コミュニケ・ション―自由な情報空間とは何か》, 기타다 아키히로北田暁大 편집, 이와나미쇼텐岩波書店, 74쪽.

22 위의 책, 89쪽.

23 요시카와 히로미쓰吉川浩満(2018), 《인간 해부는 원숭이 해부를 위한 열쇠다人間の解剖はサルの解剖のための鍵である》, 가와데쇼보신샤河出書房新社, 98쪽.

24 위의 책, 101쪽.

25 키스 E. 스타노비치Keith E. Stanovich(2017), 《현대 세계의 의사 결정과 합리성現代世界における意思決定と合理性》, 기시마 다이조木島泰三 옮김, 오타출판太田出版, 256쪽.

26 이시다 히데타카石田英敬·아즈마 히로키東浩紀(2019), 《신기호론―뇌와 미디어가 만날 때新記号論―脳とメディアが出会うとき》, 겐론ゲンロン, 398~399쪽.

27 장 티롤Jean Tirole(2018), 《좋은 사회를 위한 경제학良き社会のための経済学》, 무라이 아키코村井章子 옮김, 니혼게이자이신문출판사日本経済新聞出版社, 449쪽.

28 〈샌프란시스코시, 안면인식 기술 사용 금지サンフランシスコ市、顔認証技術の使用を禁止へ〉, 《BBC 뉴스 재팬》, 2019년 5월 15일.

29 리안웨이廉薇, 비안후이边慧, 쑤샹후이苏向辉, 차오펑청曹鵬程(2019), 《앤트 파이낸셜―한 마리의 개미가 만드는 신금융 에코시스템アントフィナンシャル―1匹のアリがつくる新金融エコシステム》, 나가이 아이코永井麻生子 옮김, 미스즈쇼보みすず書房, 16쪽.

30 〈가속하는 중국의 혁신과 일본의 대응加速する中国のイノベーションと日本の対応〉, 《nippon.com》, 2018년 4월 16일.

31 〈감시하의 취재에서 본 눈물—위구르족의 여성 "나는 중국인"監視下の取材で見た涙 ウイグル族の女性『私は中国人』〉, 《아사히신문朝日新聞》, 2019년 5월 19일.

32 〈감시하의 취재에서 본 눈물—위구르족 여성 "나는 중국인"〉(위의 주석 참고) 및 《르포 감추어진 중국—시진핑 '일강 체제'의 기반ルポ隠された中国—習近平「一強体制」の足元》(김순희金順姫, 헤이본샤平凡社, 2017)을 참고해 작성.

33 위의 기사에서.

34 〈위구르 감시사회의 기원은 티베트ウイグル監視社会の起源はチベット〉, 《뉴스위크 일본판ニューズウィーク日本版》, 2018년 2월 21일.

35 〈공산당의 포위망을 빠져나가 위구르 지지 범위를 넓히다共産党の網をかいくぐりウイグル支持の輪は広がる〉, 《뉴스위크 일본판》, 2019년 2월 22일.

36 "China's Detention Camps for Muslims Turn to Forced Labor", *New York Times*, Dec. 16, 2018. ; "Forced labour being used in China's 're-education' camps", *Financial Times*, Dec. 16, 2018 등.

37 〈신장: 신장 남부의 방직·의류업 발전 지원에 주력新疆:重点支持南疆纺织服装产业发展〉, 《중국상무신문망中国商务新闻网》, 2017년 8월 4일; 〈신장의 방직·의류업은 신장 남부의 잉여 노동력의 고용 촉진新疆纺织服装产业强力合作带动南疆富余劳动力就业增收〉, 《신장일보新疆日报》, 2018년 4월 23일 등.

38 〈신장 위구르 자치구 주석, 신장 반테러 치안 유지 상황과 직업 기능 교육훈련에 대해 답하다新疆维吾尔自治区主席就新疆反恐维稳情况及开展职业技能教育培训工作答记者问〉, 《중국 신장中国新疆》, 2018년 10월 16일.

39 〈"팡후이쥐" 중국 통치 조직 말단의 신장 탐색 "访惠聚", 中国基层治理的新疆探索〉, 《펑황왕凤凰网》, 2016년 8월 29일.

40 〈중국 공무원은 왜 위구르족의 가정을 기꺼이 점거할까中国の公務員はなぜウイグル族の家庭を喜んで占拠するのか〉, CNN 일본, 2018년 12월 1일.

41 "China Forces Muslim Minority to Install Spyware on Their Phones", *BLEEPING COMPUTER*, July 24, 2017.

42 〈중국: 소수민족에게서 수백만 명 규모의 DNA 샘플 채취中国: 少数民族からDNAサンプルを数百万人規模で採取〉, 휴먼 라이츠 워치Human Rights Watch, 2017년 12월 13일.

43 〈신장: 2017년 전민건강체험 완료新疆: 2017年全民健康体检工作全部完成〉, 신장일보新疆日报, 2017년 11월 2일; 〈신장 카슈가르시 전 주민 대상 무료 건강 검진 추진新疆喀什市推进全民免费健康体检〉, 《중국공산당신문망中国共产党新聞網》, 2017년 12월 12일.

44 "China's Algorithms of Repression: Reverse Engineering a Xinjiang Police Mass Surveillance App", *Human Rights Watch*, May 1, 2019.

45 *Human Rights Watch*, 2018:98.

46 "China Uses DNA to Trackits People, With the Help of American Expertise", *New York Times*, Feb 21. 2019.

47 왕리슝王力雄(2019), 《세레모니セレモニー》, 간타니 조金谷譲 옮김, 후지와라쇼텐藤原書店, 426쪽.

48 위의 책, 428~429쪽.

49 위의 책, 431쪽.

50 다나카 노부히코田中信彦, 〈오로지 전자화의 길을 달리는 '강한 정부': 경제의 근간을 붙잡는 파파오의 구조電子化の道をひた走る『強い政府』：経済の根幹を握る『発票』のしくみ〉, 《BUSINESS LEADER SSQUARE wisdom》, 2019년 6월 24일.

51 〈가정부가 본 국제 송금 혁명, 달러 패권에 바람구멍도家政婦が見た国際送金革命 ドル覇権に風穴も〉, 《니혼게이자이신문日本経済新聞》, 2019년 4월 23일.

52 예를 들면 돈 탭스콧Don Tapscott·알렉스 탭스콧Alex Tapscott의 《*Blockchain Revolution*》(《블록체인 혁명》, 을유문화사) 등.

주요 참고문헌

1장

- 平和博(2019), 《悪のＡＩ論ーあなたはここまで支配されている》, 朝日新書.
- 井上智洋(2019), 《純粋機械化経済ー頭脳資本主義と日本の没落》, 日本経済新聞出版社.
- 助川剛(2018), 〈杭州市の'ＥＴ城市大脳'プロジェクト〉, 《建築討論》, Jul 30, 2018, (https://medium.com/kenchikutouron/d383fc9efdb3).
- オーウェル, ジョージ(2009), 《一九八四年》, 高橋和久訳, 早川書房. 《1984》(민음사 외).
- 陳冠中(2012), 《しあわせ中国ー盛世2013年》, 辻康吾監修, 舘野雅子·望月暢子訳, 新潮社.
- ハクスリー, オルダス(2017), 《すばらしい新世界》, 大森望訳, 早川書房. 《멋진 신세계》(태일소담출판사 외).
- ハラリ, ユヴァル·ノア(2018), 《ホモ·デウスーテクノロジーとサピエンスの未来(上,下)》, 柴田裕之訳, 河出書房新社. 《호모 데우스》(김영사).
- 山本龍彦編著(2018), 《ＡＩと憲法》, 日本経済新聞出版社.
- Heilmann, Sebastian(2016), "Leninism Upgraded: Xi Jinping's Authoritarian Innovations", *China Economic Quarterly*, Vol.20, pp.15-22.
- EDELMAN(2019), *2019 EDELMAN TRUST BAROMETER: Trust in Technology*, (https://www.edelman.com/sites/g/files/aatuss191/files/2019-04/2019_Edelman_Trust_Barometer_Technology_Report_0.pdf).
- IPSOS Public Affairs(2019), *What Worries the World-March 2019*, (https://www.ipsos.com/sites/default/files/ct/news/documents/2019-04/what-worries-the-world-march-2019.pdf).

2장

- 伊藤亜聖(2018), 〈加速する中国のイノベーション(1)活発な研究開発がけん引〉, 日本経済新聞, 3月20日掲載.
- 伊藤亜聖, 高口康太(2019), 〈中国14億人の社会実装ー'軽いＩｏＴ'が創るデジタル社会〉, *ISS Contemporary Chinese Studies* No.19.
- 中村圭(2019), 《なぜ中国企業は人材の流出をプラスに変えられるのか》, 勁草書房.
- マルケイ, ダイアン(2017), 《ギグ·エコノミーー人生100年時代を幸せに暮らす最強の働き方》, 門脇弘典訳, 日経BP. 《긱 이코노미》(더난출판사).
- 《中国第三方移動支付市場季度観測報告2018年第4季度》, iResearch, 2019年3月.
- 《平成30年版 通商白書》.
- 特集〈'多動'の時代ー時短·ライフハック·ギグエコノミー〉, 《現代思想》, 2018年11月号, 青土社.

3장

- 東浩紀(2007), 〈情報自由論2002-2003〉, 《情報環境論集 東浩紀コレクションＳ》, 講談社.
- 大屋雄裕(2014), 《自由か, さもなくば幸福か？－二一世紀の'あり得べき社会'を問う》, 筑摩選書.
- 大屋雄裕(2018), 〈確率としての自由－いかにして'選択'を設計するか〉, 《談》 第111号.
- セイラー, リチャード／サンスティーン, キャス(2009), 《実践 行動経済学》, 遠藤真美訳, 日経BP. 《넛지》(리더스북).
- 田畑暁生(2017), 〈事件報道が'加担'する監視社会－権力見張る側面強化を〉, 《Journalism》, 第329号.
- ライアン, デイヴィッド(2019), 《監視文化の誕生－社会に監視される時代から, ひとびとが進んで監視する時代へ》, 田畑暁生訳, 青土社.
- レッシグ, ロレンス(2001), 《ＣＯＤＥ－インターネットの合法·違法·プライバシー》, 山形浩生·柏木亮二訳, 翔泳社.
- 中国投資銀行部中国調査室(2018), 〈'信聯'の誕生で個人情報が規範化へ〉, 《三菱ＵＦＪ銀行(中国)経済週報》, 第388期.
- 喩敬明, 林鈞躍, 孫杰(2000), 《国家信用管理体系》, 社会科学文献出版社.
- 林鈞躍(2003), 《社会信用体系原理》, 方正出版社.
- Gary King, Jennifer Pan, Margaret E. Roberts(2014), "Reverse-engineering censorship in China: Randomized experimentation and participant observation", *Science*, 345, 6199, pp.1-10. Publisher's Version Abstract Article Supplementary materials Article Summary.
- Gary King, Jennifer Pan, Margaret E Roberts(2013), "How Censorship in China Allows Government Criticism but Silences Collective Expression", *American Political Science Review*, 107, 2(May), pp.1-18.

4장

- 佐藤公彦(2007), 《'氷点' 事件と歴史教科書論争－日本人学者が読み解く中国の歴史論争》, 日本僑報社.
- 焦国標(2003), 《中央宣伝部を討伐せよ》, 坂井臣之助訳, 草思社.
- 高口康太(2015), 《なぜ, 習近平は激怒したのか－人気漫画家が亡命した理由》, 祥伝社新書.
- 安田峰俊(2011), 《中国·電脳大国の嘘－'ネット世論'に騙されてはいけない》, 文藝春秋.
- 山谷剛史(2015), 《中国のインターネット史－ワールドワイドウェブからの独立》, 星海社新書.
- 渡辺浩平(2008), 《変わる中国 変わるメディア》, 講談社現代新書.

5장

- 石井知章·緒形康編(2015), 《中国リベラリズムの政治空間》, 勉誠出版.
- 植村邦彦(2010), 《市民社会とは何か－基本概念の系譜》, 平凡社新書.
- 宇野重規(2010), 《'私'時代のデモクラシー》, 岩波新書.

- 岡本隆司(2018),《世界史序説ーアジア史から一望する》, ちくま新書.
- カルドー, メアリー(2007),《グローバル市民社会論ー戦争へのひとつの回答》, 山本武彦·宮脇昇·木村真紀·大西崇介訳, 法政大学出版局.
- 坂本治也編(2017),《市民社会論ー理論と実証の最前線》, 法律文化社.
- 鈴木賢(2017),〈権力に従順な中国的'市民社会'の法的構造〉,《現代中国と市民社会ー普遍的'近代'の可能性》, 石井知章·緒形康·鈴木賢編, 勉誠出版.
- 辻中豊·李景鵬·小嶋華津子(2014),《現代中国の市民社会·利益団体ー比較の中の中国》, 木鐸社.
- 成瀬治(1984),《近代市民社会の成立ー社会思想史的考察(歴史学選書 8)》, 東京大学出版会.
- ハーバーマス, ユルゲン(1994),《公共性の構造転換 第2版》, 細谷貞雄·山田正行訳, 未來社.《공론장의 구조변동》(나남출판).
- 平田清明(1969),《市民社会と社会主義》, 岩波書店.
- 李妍焱(2012),《中国の市民社会ー動き出す草の根NGO》, 岩波新書.
- 李妍焱(2018),《下から構築される中国ー'中国的市民社会'のリアリティ》, 明石書店.

6장

- 安藤馨(2010),〈功利主義と自由ー統治と監視の幸福な関係〉,《自由への問い4コミュニケーションー自由な情報空間とは何か》, 北田暁大編, 岩波書店.
- 石田英敬·東浩紀(2019),《新記号論ー脳とメディアが出会うとき》, ゲンロン.
- 石塚迅(2012),〈政治的権利論からみた陳情〉,《陳情ー中国社会の底辺から》, 毛里和子·松戸庸子編著, 東方書店.
- 伊藤亜聖(2018),〈加速する中国のイノベーションと日本の対応〉,《nippon.com》, 2018年4月16日, (https://www.nippon.com/ja/currents/d00403/).
- 稲葉振一郎(2016),《宇宙倫理学入門ー人工知能はスペース·コロニーの夢を見るか?》, ナカニシヤ出版.
- カーネマン, ダニエル(2012),《ファースト&スローーあなたの意思はどのように決まるか?(上, 下)》, 村井章子訳, 早川書房.《생각에 관한 생각》(김영사).
- 角崎信也(2017),〈習近平政治の検証③:'反腐敗'〉,《China Report》Vol.6, (https://www2.jiia.or.jp/RESR/column_page.php?id=269).
- グリーン, ジョシュア(2015),《モラル·トライブズー共存の道徳哲学へ(上, 下)》, 竹田円訳, 岩波書店.《옳고 그름》(시공사).
- スタノヴィッチ, キース·E(2017),《現代世界における意思決定と合理性》, 木島泰三訳, 太田出版.
- ティロール, ジャン(2018),《良き社会のための経済学》, 村井章子訳, 日本経済新聞出版社.
- 堀内進之介(2019),〈情報技術と規律権力の交差点ー中国の'社会信用システム'を紐解く〉,《SYNODOS》, 2019年1月1日, (https://synodos.jp/international/22353/2).
- 毛里和子·松戸庸子編著(2012),《陳情ー中国社会の底辺から》, 東方書店.
- 山本龍彦(2018),〈ＡＩと個人の尊重, プライバシー〉,《ＡＩと憲法》, 山本龍彦編著, 日本経済新聞出版社.
- 山谷剛史(2018),〈中国の個人情報保護の動きと行き過ぎへの不安〉,《ZDNet JAPAN》, 2018年12

月12日, (https://japan.zdnet.com/article/35129999/?fbclid=IwAR1Ek-g7a4pUJH_p4_CdFtHm_Tbo9wjNuXQT-SlmhuGt1PPJXgckfvNHwOM).

- 吉川浩満(2018),《人間の解剖はサルの解剖のための鍵である》, 河出書房新社.
- 廉薇·辺慧·蘇向輝·曹鵬程(2019),《アントフィナンシャル－1匹のアリがつくる新金融エコシステム》, 永井麻生子訳, みすず書房.
- Awad, Edmond, Sohan Dsouza, Richard Kim, Jonathan Schulz, Joseph Henrich, Azim Shariff, Jean-François Bonne fon&Iyad Rahwan(2018), "The Moral Machine experiment", *Nature*, Vol.563, pp.59-64.
- Creemers, Rogier(2018),"China's Social Credit System: An Evolving Practice of Control: An Evolving Practice of Control", *SSRN Electronic Journal*.

7장

- 王力雄(2019),《セレモニー》, 金谷譲訳, 藤原書店.
- 金順姫(2017),《ルポ隠された中国－習近平'一強体制'の足元》, 平凡社新書.
- 鈴木謙介(2009),〈設計される意欲－自発性を引き出すアーキテクチャ〉,《思想地図Vol.3アーキテクチャ》, 東浩紀·北田暁大編, 日本放送出版協会.
- ダン·プレスコット, アレックス·プレスコット(2016),《ブロックチェーン·レボリューション－ビットコインを支える技術はどのようにビジネスと経済, そして世界を変えるのか》, 高橋璃子訳, ダイヤモンド社.《블록체인 혁명》(을유문화사).
- 長岡義博(2018),〈ウイグル絶望収容所で'死刑宣告'された兄を想う〉,《ニューズウィーク日本版》, 2018年11月8日, (https://www.newsweekjapan.jp/stories/world/2018/11/post-11257.php).
- ハクスリー, オルダス(2017),《すばらしい新世界》, 大森望訳, 早川書房.《멋진 신세계》(태일소담출판사 외).
- 水谷尚子(2018),〈ウイグル収容施設の惨状〉,《週刊金曜日》, 12月14日号.
- 安田峰俊(2019),〈新疆ウイグル'絶望旅行', を終えて帰国した大学生の本音〉,《現代ビジネス》, 2019年1月12日, (https://gendai.ismedia.jp/articles/-/59336).
- Heilmann, Sebastian(2016), "Leninism Upgraded: Xi Jinping's Authoritarian Innovations," *China Economic Quarterly*, Vol.20, pp.15-22.
- Human Rights Watch(2018), "Eradicating Ideological Viruses: China's Campaign of Repression Against Xinjiang's Muslims", September 2018.

행복한 감시국가, 중국

디지털기술과 선택 설계로 만든 '멋진 신세계'

초판 1쇄 발행일 2021년 7월 9일
초판 2쇄 발행일 2022년 1월 21일

지 은 이 | 가지타니 가이, 다카구치 고타
옮 긴 이 | 박성민

펴 낸 이 | 김효형
펴 낸 곳 | (주)눌와
등록번호 | 1999.7.26. 제10-1795호
주　　　소 | 서울시 마포구 월드컵북로16길 51, 2층
전　　　화 | 02. 3143. 4633
팩　　　스 | 02. 3143. 4631
페이스북 | www.facebook.com/nulwabook
블 로 그 | blog.naver.com/nulwa
전자우편 | nulwa@naver.com

편　　　집 | 김선미, 김지수, 임준호
디 자 인 | 이현주

책임편집 | 임준호
표지·본문 디자인 | 이현주

제작진행 | 공간
인　　　쇄 | 현대문예
제　　　본 | 장항피앤비

ⓒ눌와, 2021
ISBN 979-11-89074-39-5 03300